JN232553

英語学モノグラフシリーズ 13

原口庄輔／中島平三／中村　捷／河上誓作　編

英語から日本語を見る

西垣内泰介
石居　康男　著

研究社

まえがき

　本シリーズは英語学のモノグラフシリーズであり，当然英語が主な論考の対象であるが，英語について成り立つ事実や原則がわれわれの母語である日本語についても当てはまるのかという問いは，専門家ならずとも興味深い設問である．本巻は，そうした問いに迫ろうとする一冊である．
　英語と日本語の間には，表面的にはさまざまな相違がある．相違があるからこそ，両者は異なった言語と見なされるわけである．だが生成文法理論では，人間ならば誰もが短期の間に言語を習得できるという事実を説明するのに，人間言語すべてに当てはまるような普遍文法の存在を仮定する．人間には生得的に普遍文法が備わっており，それに基づいて言語の習得が行われるので，人間ならば誰もが，そして人間のみが，短期間のうちに特別な訓練なしに言語を習得することができるのである．
　では普遍文法は，言語間に相違があるという厳然たる事実に対してどのように対応するのであろうか．普遍文法の原理・原則はどの言語にも当てはまるのだが，それに付随する要因——例えばその原則がどのような要素に対して適用するのかとか，派生過程のどの段階で適用するのかといった要因——のわずかな相違が言語間に表面的な相違を産み出す．こうした原理・原則に付随する要因を，媒介変数(パラメータ)と言う．普遍的な原理・原則(principles)と媒介変数(parameters)に基づいて言語の共通性と相違性を解明しようとする接近法を，principles-and-parameters approach, 略してPPアプローチと呼んでいる．
　普遍的な原理・原則を見つけ出すには，1つの言語を深く研究し，そこから得られた知見を他の言語に当てはめてみるという方法を採るのが最も一般的である．生成理論ではその誕生・発展の経緯からして，英語の研究から見出された規則性や原理を他の言語に当てはめてみる試みが広くなさ

れてきた．ちょうど分子生物学において，すべての生物のメカニズムは同じであるという前提のもとに，ある特定の生物（多くの場合，研究しやすい原核生物）を深く研究して，その結果を他の生物に適用してみるという方法が採られるのと類似している．

　英語の分析から得られた知見は，当然のことながら，すべてが他の言語にそのまま当てはまるわけはなく，常に対応が見出されるわけでもない．相違している部分を深く追究することにより，媒介変数としてどのようなものを用意する必要があるかが見えてくる．原理・原則と媒介変数を考える上で，英語と日本語という語族がまったく異なり，表面的に著しく相違する言語を比較対照することは，きわめて意義が深い．

　本巻は PP アプローチの立場から，移動操作が関与する言語現象を中心にして，日英語の現象的な異同や，英語に当てはまる規則性が日本語にも当てはまるのかというという問いに迫り，普遍文法の原理・原則と媒介変数を考える手掛かりを提供しようとするものである．PP アプローチの観点から英語と日本語を比較することにより，それぞれの言語の構造的な特質が明らかにされると共に，PP アプローチの基礎や応用方法が理解されるものと思われる．本書が今後の日英語比較研究，PP アプローチ研究の発展にいくばくなりとも貢献できれば幸いである．執筆は第 1, 2, 4 章が西垣内泰介，第 3, 5 章が石居康男の手によるものである．

2003 年 4 月

編　者

　本書の執筆につながる西垣内泰介の研究は，日本学術振興会科学研究費補助金（基盤研究（B））および神戸松蔭女子学院大学特別研究助成金の恩恵を受けている．

目次

まえがき　iii

第1章　序論 ———————————————— 1
　1.1　はじめに　1
　1.2　英語から日本語を見る　2

第2章　日本語の語順と構造 ——————————— 5
　2.1　日本語の語順　5
　2.2　日本語の構造と「かきまぜ」　7
　2.3　日本語の基本構造　9
　　2.3.1　代名詞の指示とc統御　9
　　2.3.2　数量詞の遊離　11
　2.4　「かきまぜ」をめぐって　14
　　2.4.1　QFによる議論　15
　　2.4.2　量化表現のスコープ　16
　2.5　「かきまぜ」の多様性　20
　　2.5.1　「かきまぜ」の複数回適用　20
　　2.5.2　長距離の「かきまぜ」　21
　　2.5.3　VPへの移動　22
　　2.5.4　二重目的語構文　23
　2.6　移動規則としての「かきまぜ」　28

    2.6.1　A 移動と A′ 移動　28
    2.6.2　2 つの移動と束縛理論　29
    2.6.3　「かきまぜ」と束縛条件　32
    2.6.4　「中間位置」での束縛　33
    2.6.5　「かきまぜ」と再構成　35
  2.7　文の構造と量化　37
    2.7.1　投射仮説　38
    2.7.2　統語構造と投射仮説　40
    2.7.3　2 つの存在量化　41
    2.7.4　「は」と 2 つの「が」　42
    2.7.5　構造との対応　44
  2.8　ま　と　め　48

第 3 章　名詞句移動 ──── 51
  3.1　は じ め に　51
  3.2　日本語における主語の位置　54
  3.3　繰り上げ文　58
  3.4　受　動　文　68
    3.4.1　直接受動文と間接受動文　69
    3.4.2　相互 c 統御条件再考　75
    3.4.3　「に」受動文と「によって」受動文　81
    3.4.4　間接受動文の「に」句と直接受動文の「に」句　86
    3.4.5　格付与能力の吸収　93
    3.4.6　間接受動文における外項の θ 役割の抑制　97
    3.4.7　「によって」受動文と名詞句移動　101
  3.5　ま　と　め　107

第4章　日本語のWH構文 ——————— 109
4.1　「WH移動」と日本語　109
    4.1.1　WH移動　109
    4.1.2　LFのWH移動　111
4.2　日本語のWH構文　114
    4.2.1　日本語のWH構文の特性　114
    4.2.2　日本語のWH移動　115
    4.2.3　主要部移動　116
    4.2.4　「局所性」　117
    4.2.5　複合名詞句制約と随伴分析　119
    4.2.6　随伴分析を指示する議論　120
    4.2.7　まとめ　127
4.3　「かきまぜ」と再構成　128
    4.3.1　補部 vs. 付加詞　128
    4.3.2　指示的 vs. 非指示的　131
    4.3.3　How many?　134
    4.4.4　「意味論的に空虚な移動」　136
    4.3.5　束縛と再構成　138
    4.3.6　スコープと束縛の対応　141
    4.3.7　束縛条件Cと「かきまぜ」　145
4.4　まとめ　147

第5章　主要部移動 ——————— 149
5.1　はじめに　149
5.2　VP削除とV-to-I移動　150
    5.2.1　日本語における動詞句削除の可能性　151
    5.2.2　「ゆるやかな同一性」再考　155

5.3　動詞と時制辞の結合と V-to-I 移動　　161
　　5.3.1　結合が阻止される場合　　161
　　5.3.2　助動詞の解釈と構造　　165
  5.4　Yes / No 疑問文と I-to-C 移動　　169
　　5.4.1　疑問マーカーのない疑問文　　169
　　5.4.2　英語とフランス語　　180
　　5.4.3　日本語の I-to-C 移動再び　　183
  5.5　受動文と V-to-V 移動　　185
  5.6　まとめと今後の展望　　193

参　考　文　献　　197
索　　　引　　207

第1章　序　　　論

1.1　はじめに

　「英語学モノグラフ・シリーズ」の多くの巻は，生成文法の方法が英語の文法的・意味的現象をどのように捉え，分析してきたかを明らかにしている．本書は，そのような研究方法を前提として，英語を中心に観察・分析することで得た知見から，このシリーズの読者の多くが母語として用いている日本語の文法的・意味的諸現象に光を当てようとするものである．

　すでにこのシリーズの多くの巻で言及されているように，生成文法の目標は，日本語，英語などの個別言語の現象を記述することではなく，個別言語の使用を可能にしている人間の言語能力の特性を明らかにすることである．この観点からすると，生成文法が複数の個別言語を研究対象にするのは，その方法的過程であり，ケース・スタディである．

　現在では，生成文法の方法で研究されている世界の個別言語は数多く，またその数だりでなく，研究の広さも深さも急速に増している．しかしその初期の歴史では，英語や少数のヨーロッパ言語が研究の対象となる個別言語であったことは否定できない．その中でも日本語は，生成文法の歴史の中でもっとも早くから研究されてきた個別言語の1つであり，その研究対象となる言語事象も幅広く，研究の水準も高い．

　英語などの観察と分析で発展した生成文法の考え方が，日本語の見方に大きな影響を与えていることは明らかであり，生成文法を土台として「英語から日本語を見る」ことは，今日においても日本語を新しい視点で見ることにつながる意味を持っている．

それだけではなく，日本語の言語現象を観察・分析することで，英語やヨーロッパ諸言語を研究するだけでは得られない，「言語」という生き物のふるまい方の側面を見ることができる．また，日本語の事象の観察と分析が，他のまったく系統の違う言語の現象を研究するうえで新しい見方を提供したという例も，珍しくない．

本書は，生成文法という光に照らし出されてきた日本語の文法や意味に関する諸現象には，どのようなものがあったか，それらの現象はどのように分析されてきたか，そしてそのような研究が英語などの個別研究にとどまらず，人間の言語能力の特性を解明することに，どのようにして貢献してきたかを示していきたい．

1.2 英語から日本語を見る

過去半世紀にわたる生成文法の歴史の中で，日本語の諸現象が分析の対象となり，それらの特性が次々に明らかにされてきている．それらの中には，国語学を含む伝統的な日本語研究で従来得られた知見に，新しい角度から光を当てたものもあれば，伝統的な研究では考えられることのなかった言語事象も少なくない．

本書は，これらの日本語の現象をいくつか取り上げ，それらがどのように研究されてきたか，そしてそれらが生成文法の研究からどのように影響を受け，その発展にどのように貢献してきたかを示していく．

「階層性」の問題

生成文法によって確立された考え方の中でもっとも重要なものの1つが，「言語の階層性」，つまり，文には階層的な構造があるという考えである．

英語は S-V-O (主語-動詞-目的語) という語順がはっきりと決まっており，早くから階層的な構造を持つ言語の典型と考えられている．この考えに基づいて，さまざまな文法現象について重要な一般化がなされてきた．代名詞や照応形の使用に関わる制約，量化表現のスコープに関する一般化などである．

それに対して，日本語は英語に比べ語順が自由である．日本語にも，英語に当てはまる階層的な構造で説明されるような文法現象が見られるのだろうか．

本書の第2章は，日本語の構造と語順に関する基本的な考え方を，代名詞の指示や量化表現のスコープの分析，「移動規則」としての「かきまぜ」の性質についての議論とともに概観する．

名詞句移動

英語では，受動文や「繰り上げ」構文などが早くから議論され，「名詞句の移動」が格や意味役割（θ 役割）などの抽象的な概念との関連で研究されている．(1b)は，それぞれ t で示す「痕跡」(trace)の位置から名詞句が移動を受けて派生されたと考えられている．

（1） a. $John_i$ was invited t_i to the party.
 b. $John_i$ appears [t_i to be competent].

日本語に，同様の分析を必要とする構文は存在するのだろうか．一見して「名詞句の移動」を含むと思われる構文と，「かきまぜ」によって得られる構文とは厳密に区別する必要がある．とすれば，そのような見きわめをする方法はどのようなものだろうか．

また，日本語にも受動文と呼ばれる構文は存在する．しかし，日本語の受動文が英語のそれと直接対応しないことも，生成文法の初期の研究以来知られていることである．では，日本語と英語の受動文はどのように違っていて，どのような共通点があるのだろうか．

本書の第3章では，名詞句の移動に関わるさまざまな問題を，最近の研究の視点から論じていく．

WH構文

WH構文は，生成文法によって初めて光を当てられた代表的な言語現象である．

WH構文においては，日英語できわだった違いが見られる．英語のWH

疑問文などでは，WH要素は節の先頭の位置になければならない．

（2） a. Who$_i$ did John see t_i?
b. Mary wants to know who$_i$ John saw t_i.

これらに対応する日本語のWH疑問文では，WH要素に対する同じ制約はない．

（3） a. 太郎は誰に会ったの？
b. 花子は［太郎が誰に会ったか］知りたがっている．

日本語のWH要素は他の名詞句と同じように，文中のあらゆる位置に現れる．

では，日本語のWH構文には，英語の対応する文のような制約があるのだろうか．あるとして，それはどのようなものだろうか．

本書の第4章では，日本語のWH構文の性質を考える．さらに，日本語のWH要素が，「かきまぜ」とあいまって代名詞や照応形のふるまいに影響を与える現象も考えていく．

主要部移動

ここで言う「主要部移動」とは，英語の疑問文などで

（4） Will$_i$ John t_i reply to my e-mail?

のように，助動詞willがtの位置から移動したと考えられる現象を指す．

助動詞の研究は，生成文法の始まりと言えるChomsky (1957) の中心的な問題であったし，ヨーロッパ言語の間の類型的な差異を捉えるうえで画期的な考え方が提出された研究分野でもある．同じような考察が，日本語でもありえるのだろうか．

第5章では，英語の助動詞の移動に近いと思われる現象を考えるほか，動詞と時制辞との関係，動詞と受動の「られ」や使役の「させ」との関係などに光を当て，日本語における「主要部移動」について考える．

第 2 章　日本語の語順と構造

　この章では，日本語の語順と構造という，もっとも基本的な問題を考える．生成文法に基づく言語理論で語順と構造の問題を考えるとき，代名詞などを含む同一指示(同じ人や物を指し示すかどうかの解釈)や，数量・量化表現を含む意味解釈などについての分析が重要な役割を果たす．この章の議論は，このような生成文法の方法への導入でもある．

2.1　日本語の語順

　英語が，SVO つまり「主語–動詞–目的語」の語順が基本であるのに対し，日本語は SOV の言語であると言われる．

（1）　a.　Susan　ate　an apple.
　　　　　　主語　動詞　目的語
　　　b.　花子が　リンゴを　食べた．
　　　　　　主語　　目的語　　動詞

　英語のような言語では，「動詞–目的語」がいわば「述語」または「述部」に相当する構造的なまとまりを形成すると考えられている．英語の基本的な文構造は，次のようなものと考えられている．

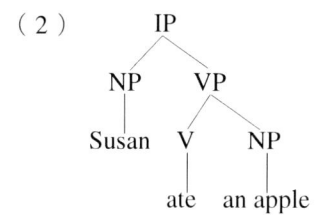

（2）
```
            IP
           /  \
          NP   VP
          |   /  \
        Susan V   NP
              |    |
             ate  an apple
```

一方，次の例が示すように，日本語は一定の限度のもとで自由な語順を許す言語である．

(3) a. 花子が リンゴを 庭で 食べた．
    b. リンゴを 花子が 庭で 食べた．
    c. 庭で リンゴを 花子が 食べた．

「一定の限度のもとで」というただし書きがつくのは，日本語の語順にはいくつかの制約があるためである．その1つでよく知られているのは，(4)である．

(4) 日本語では動詞が節の最後に現れる．

動詞が節の最後以外の位置に現れる文は，いずれも非文法的である．

(5) a. *花子が 食べた リンゴを 庭で．
    b. *花子が リンゴを 食べた 庭で．

以上のような観察から，日本語の文構造は，おおむね次のような句構造から派生されると考えられたことがある (Farmer 1980)．

(6) V′ → X* V

つまり，日本語の節は V の投射であり，任意の数（*で表す）の任意の要素 (X) が V の左側に現れることで構成される，というものである．たとえば，(3a, b) はそれぞれ次のような構造を与えられることになる．

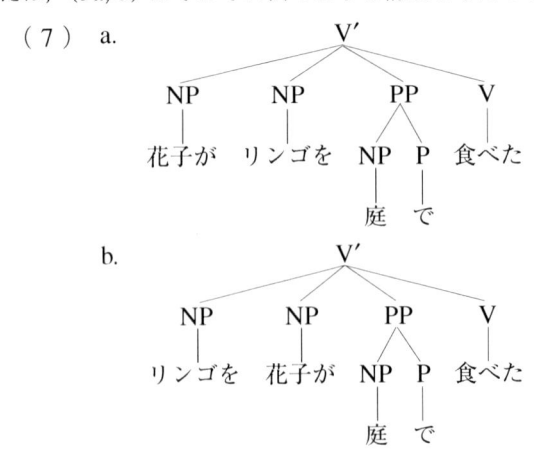

(7) a.
```
              V′
      ┌───┬───┬───┐
      NP  NP  PP   V
      │   │   ├─┐  │
     花子が リンゴを NP P 食べた
              │  │
              庭  で
```

b.
```
              V′
      ┌───┬───┬───┐
      NP  NP  PP   V
      │   │   ├─┐  │
     リンゴを 花子が NP P 食べた
              │  │
              庭  で
```

このような,「平らな」構造を持つことが,日本語を含む「非階層的言語」(non-configurational languages)の特徴であると考えられたことがある(Hale 1980).

(6)のような句構造が生み出す文(節)では,Vが右端にあるかぎり,その左には名詞句(「項」)が任意の順番で現れることが許されるのだから,このような句構造を仮定する理論は,日本語には基本語順というものがない,という主張をすることになる.

このような日本語の句構造についての考え方は,Saito (1985)以降大きく変わっている.この変化の中での主な主張点は,次の2点であった.

(8) a. 日本語には基本語順,基本構造がある.
　　 b. 語順の変更は移動規則(「かきまぜ」と呼ばれる)によって派生される.

以下,この考え方について概観していきたい.

2.2　日本語の構造と「かきまぜ」

1980年代の前半まで支配的であった,日本語の句構造を(7)のようなものと仮定する分析に対して,80年代半ば以降,日本語の基本的な文の句構造は(9)のようなものであると考えられている.

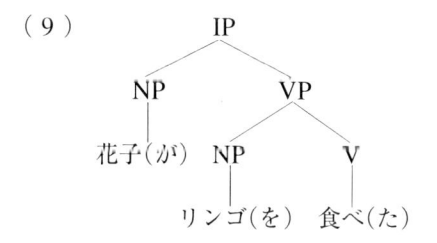

(9)
```
            IP
           /  \
         NP    VP
         |    /  \
      花子(が) NP   V
              |    |
           リンゴ(を) 食べ(た)
```

(9)の構造が(7)と違っているのは,動詞(V)とその目的語(NP)がVPという構成素をなしている点である.

ここでIPと表示しているのは,IすなわちInfl (Inflection, 屈折辞)を中心とした句の構造ということで,以前はS (sentenceの頭文字)と表示

されていた「節」を表すものである．I の中には，時制や一致（Agreement）などが含まれると考えられる．本書の第 5 章で日本語の I をめぐる議論を概観する．

では，この構造を仮定する理論では，(3b) のような，基本語順からはずれる文をどのように考えるのだろう．このような語順は，(9) のような基本構造に適用して語順を変更する「移動規則」，すなわち「かきまぜ」(scrambling) の適用によって得られると考えられている．「かきまぜ」を受けた文は，次のような構造を与えられる．

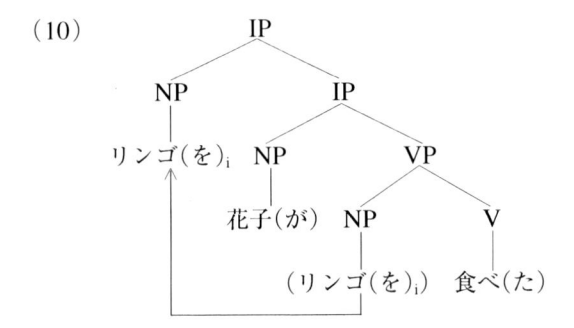

(10)
```
              IP
            /    \
          NP      IP
           |     /  \
       リンゴ(を)ᵢ  NP    VP
                   |    /  \
                花子(が) NP   V
                        |    |
                    (リンゴ(を)ᵢ) 食べ(た)
```

このとき，「かきまぜ」によって移動を受けた要素は，IP に「付加」(adjoin) されると考えられる．

α を β に「付加」すると，次のような構造が得られる．

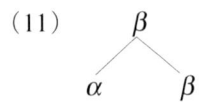

(11)
```
       β
      / \
     α   β
```

つまり，β の上にもう 1 つ β という節点を作り，その下に α を付ける，という操作である．

(10) に即して見ると，IP の上に IP を作り，その下に移動した NP_i を置くというのが，「かきまぜ」の結果得られる構造である．

この分析が正しいことを示すためには，

(12) a. 日本語には基本語順・基本構造があり，それは (10) のようなものである．
b. 日本語の「かきまぜ」は移動規則としての性質を持っている．

という2つの点を証明する必要がある．これらに関連して，代名詞の指示の現象と，「数量詞遊離」の現象に基づく議論がなされている．

2.3 日本語の基本構造

2.3.1 代名詞の指示と c 統御

代名詞を含む同一指示の関係は，日本語の構造を考えるうえで重要な役割を果たしている．

この議論を進めるうえで前提されるのは，c 統御 (c-command) に基づく構造的関係である．「c 統御」という概念は次のように定義される．

(13) 節点 X を支配する(含む)すべての節点が節点 Y をも支配するとき，X は Y を c 統御すると言う．(このとき，X, Y のいずれも他を支配しない．)

この概念に基づいて，代名詞を含む同一指示の現象を捉える一般化として，次のような制約が提案されている (Reinhart 1976, etc.)．

(14) 代名詞はその先行詞となる NP を c 統御してはならない．

(14) の制約は，Chomsky (1981) 以降定式化された束縛理論の中で，「束縛条件 C」として述べられることになる．

束縛理論の中核をなす「束縛条件」は次のように定義される．

(15) 束縛条件:
A: 照応形は一定の領域の中で束縛されていなければならない．
B: 代名詞は一定の領域の中で束縛されてはならない．
C: R 表現(指示的表現，つまり照応形，代名詞以外の名詞句)は束縛されてはならない．

「束縛」の定義は次のように述べられる．

(16) X が Y を c 統御し，かつ X と Y が同一指標を持つとき，X が Y を束縛すると言う．

以上の考察を背景として，次の文における同一指示の可能性に注目してみよう．

(17) a. 太郎$_i$ が 彼$_i$ の 先生にあいさつした．
b. 太郎$_i$ の 先生が 彼$_i$ にあいさつした．

これらのいずれの例文でも，「太郎」と代名詞「彼」の間に同一指示の関係は成り立つ．

これらの例をもとにして，前節で見たように，日本語の節の構造には VP という節点がないという考え方を採用してみたらどうだろう．その場合の (17b) の構造は，次のような樹形図で表される．

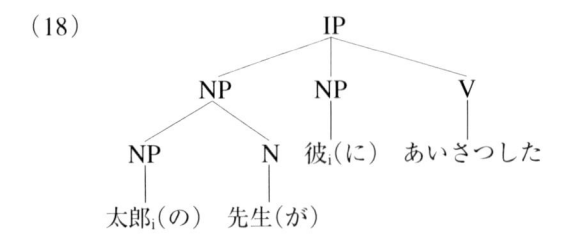

(18)
```
              IP
       ┌──────┼──────┐
       NP     NP      V
     ┌──┴──┐   │      │
     NP    N  彼_i(に) あいさつした
     │     │
   太郎_i(の) 先生(が)
```

この構造では，代名詞「彼」を直接支配するのは IP であり，この IP は，それが同一指示を持とうとする NP「太郎」を支配している．定義 (13) によれば代名詞「彼」が「太郎」を c 統御することになり，束縛条件 C の違反になるはずである．実際には (17b) では代名詞を含む同一指示の解釈が可能なのだから，(18) のような構造は事実を捉えられないものと考えられる．

(18) に代わって，次のような構造を仮定したらどうだろう．

(19)
```
          IP
         /  \
        NP   VP
       /  \  / \
      NP   N NP  V
      |    | |   |
    太郎ᵢ(の) 先生(が) 彼ᵢ(に) あいさつした
```

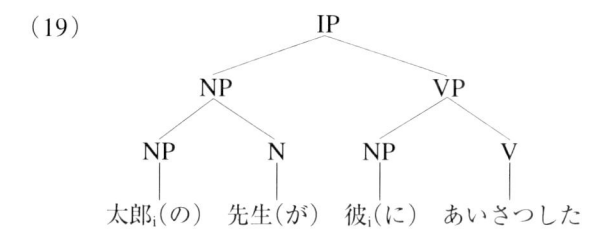

この構造では，動詞とその目的語がVPという構成素を形成している．代名詞「彼」がその先行詞「太郎」をc統御することはなく，(17b)で同一指示の関係が可能である事実とも矛盾しない．これは，日本語の基本的な節の構造にVPという節点があるという証拠の中で，もっともよく知られたものの1つである．

2.3.2 数量詞の遊離

日本語の基本構造が(18)のような「平らな」構造ではなく，(19)のようなVPという構成素を持った「階層構造的な」(configurational)ものであることを示すと考えられるもう1つの現象として，「数量詞遊離」(Quantifier Floating: QF)という現象がある．QFは，次のような例文をたがいに関連づける操作である．

(20)　a.　5人の学生が落第した．
　　　b.　学生が5人落第した．

これらの例文は，ほぼ意味が等しいと思われる．（QFの意味と構造に及ぼす影響については，本書の第3章で取り上げる．）QFは，次のように図示される．QPは遊離数量詞(句)を表す．

(21)
```
         IP                          IP
        /  \                        / | \
       NP   VP          ⇒         NP QP VP
      /  \   |                    / \  |  |
     QP   N  V                   QP  N 5人 V
     |    |  |                    |   |    |
    5人(の) 学生(が) 落第した       e  学生(が) 落第した
```

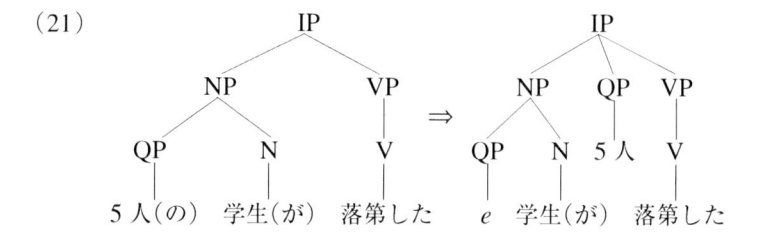

右側の構造の QP の位置 e は「空」である．つまり，文法的な内容は持っているが音声的に発音されない要素である．

　QF によって関連づけられる QP と NP との間には，重要な構造的関係による制約がある．次の文を比べてみよう．

　（22）　a．学生が 5 人 酒を 買った．
　　　　　b．*学生が 酒を 5 人 買った．

（22b）の文法性が低いのは，QP「5 人」と NP「学生」との間の構造上の関係が，次の条件を満たしていないためである．（QF に課せられる条件については第 3 章で詳しく検討する．）

　（23）　QP とそれが関連づけられる NP は，たがいに他を c 統御していなければならない．

以下，このように QP と関連づけられる NP のことを，「ホスト」と呼ぶことにする．

　この現象は，日本語の基本的構造に VP という節点を仮定する必要を示すものである．まず，この文で，VP が存在しない構造を仮定してみよう．

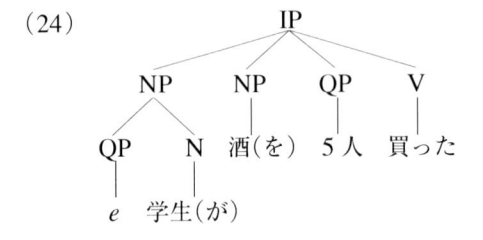

　（24）

```
                    IP
         ┌──────┬────┬────┐
         NP     NP   QP   V
        ┌─┴─┐    │    │    │
        QP  N   酒(を) 5人  買った
        │   │
        e  学生(が)
```

この構造では，QP とそのホストとなる NP は互いに c 統御することになり，（23）に照らして QP と NP が関連づけられることを妨げるものはない．

　他方，日本語の句構造に VP の存在を仮定する分析では，（22b）の構造は次のようなものになる．

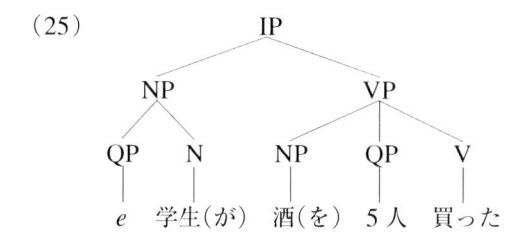

(25)
```
           IP
         /    \
        NP     VP
       /  \   / | \
      QP   N NP QP V
      e  学生(が) 酒(を) 5人 買った
```

この構造が示すように，ホスト NP が QP「5 人」を c 統御しているが，その逆は成立しないので，(23) の条件が満たされない．したがって，(22b) の非文法性が捉えられる．

これは，日本語の基本構造に VP を仮定することに対する証拠と考えられるが，その結論を下す前に 1 つ明らかにしておくべき事柄がある．それは，(22a, b) の違いは構造に基づくのではなく，語順に基づくものではないか，という疑問である．つまり，(22a) では遊離した QP とそのホスト NP が隣接しているのに，(22b) では QP「5 人」とそのホスト NP「学生」の間に NP「酒」が介在している．つまり，QP とホスト NP との間には，それらが隣接していなければならないという制約があるのではないか，という疑いを持たれるかもしれない．このような仮説が成り立たないことは，次のような例文が文法的であることによって示される．

(26) a. 学生が きのう この店で 5 人 IT 関連の本を買っていった．
　　 b. 学生が パソコンの雑誌を きのう この店で 5 冊 買った．

これらの例ではいずれも，QP とそのホスト NP の間に「きのう / この店で」という 2 つの副詞的表現が割り込んでいるが，QP と NP を関連づけることに支障はない．

このように，遊離した QP とそのホスト NP を関連づける条件は，「隣接性」というような平面的な関係ではなく，c 統御に基づく階層構造的関係に依拠しているのである．

さらに，(23) の QF に対する条件は，次に要約する QF に関わる一般化に対して説明を与えるものである．

(27) QFのホストNPは，主語または目的語でなくてはならない．（後置詞句（PP）の一部であってはならない．）

つまり，次のようなホストNPが「から」「で」などの後置詞句の中にある文は，(26)に比べて容認性が低い．

(28) a. *僕はその話を学生から3人聞いた．
 cf. 僕はその話を3人の学生から聞いた．
 b. *僕はこのテキストを大学で3つ使っている．
 cf. 僕はこのテキストを3つの大学で使っている．

(28a)の構造を考えてみよう．この文のVPは以下のような構造を持っていると考えられる．

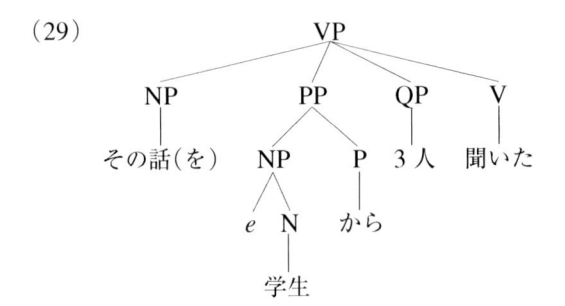

(29)
```
              VP
      ┌───┬───┬───┐
      NP  PP  QP  V
      │  ┌─┴─┐ │  │
  その話(を) NP  P 3人 聞いた
         ┌┴┐ │
         e N から
           │
           学生
```

この構造では，QP「3人」はホストNP「学生」をc統御しているが，後者は前者をc統御していない．このNPを含む最初の節点はPPで，このPPはQPを支配していないのである．

このように，QFに関わる条件は階層構造に基づく考察が不可欠であり，そのような議論の過程の中で，日本語の基本的な節の構造にVPという節点が存在することが示されるのである．以下の節では，日本語の節構造のもう1つの側面である「語順の自由さ」ということに焦点を当てるが，ここでもQFは重要な役割を果たす．

2.4 「かきまぜ」をめぐって

上の2.2で，「かきまぜ」によって文頭に置かれる目的語は，本来VP

内部で生成された，IPに付加される形で移動を受けるのであり，そのさい目的語の位置には痕跡（trace）が t_i で表示される要素として残ると考えた．この節では，このような分析を支持すると考えられる議論を提出する．

2.4.1　QFによる議論

前節で見たように，遊離したQPはそのホストNPとたがいにc統御の関係になければならない．これが次の例文の容認性の差を説明する．

（30）　a.　学生が 3 人 言語学の本を 買った．
　　　　b.　*学生が 言語学の本を 3 人 買った．

では，次のような例はどうだろう．

（31）　a.　学生が 言語学の本を 2 冊 買った．
　　　　b.　言語学の本を 学生が 2 冊 買った．

これまでの分析をそのまま受け継いで考えれば，(31b)の目的語「言語学の本」は節全体のIPに付加されるのだから，「言語学の本」と「2 冊」はおたがいをc統御することにはならない．しかし，「かきまぜ」は移動規則であり，1970年代以降，統語的な移動規則は「痕跡」あるいは「コピー」を移動以前の位置に残す(または「作る」)と考えられている．この考え方によると，(31b)の構造は次の樹形図で表示されるものである．

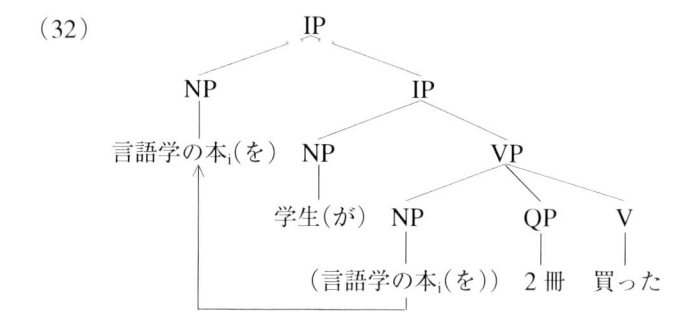

（32）
```
              IP
            /    \
          NP      IP
    言語学の本ᵢ(を)  / | \
                 NP  VP
               学生(が) /|\
                     NP QP V
              (言語学の本ᵢ(を)) 2冊 買った
```

この構造では,「言語学の本」を移動してできた痕跡あるいはコピー(括弧に入れて示している)が,QP「2 冊」とたがいに c 統御しあう関係にある(ともに同じ VP によって直接支配されている)ので,この両者の構造的関係に着目すれば,(31b) は自然に説明することができる.

この現象は,英語の WH 移動などで認められている,痕跡を残すという特性が日本語の「かきまぜ」に見られること,そしてその痕跡が QF を受けた QP の解釈に役割を果たすということを示しており,日本語の「かきまぜ」が移動規則として存在することへの強い証拠と考えることができる.

2.4.2　量化表現のスコープ

もう 1 つ,語順の問題に関連して議論される現象として,量化表現(quantified expression)のスコープがある.まず,基本的な語順で,複数の量化表現を含む (33) の例文のそれぞれの意味について考えてみよう.

(33)　a.　みんなが 誰かを尊敬している.
　　　b.　誰かが みんなを尊敬している.

この文の意味を考えるには,2 つの集合を考える必要がある.それぞれ 3 人からなる集合 A, B を考えてみよう.

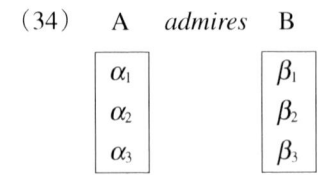

(34)　　A　　*admires*　　B

α_1	β_1
α_2	β_2
α_3	β_3

主語に対応するのが集合 A,目的語に対応するのが B としよう.(33a) が真であるのは,A の集合の全員,$\alpha_1, \alpha_2, \alpha_3$ についてそれぞれに B の集合の中で少なくとも 1 人,「尊敬する」対象という関係のある人が存在するときである.たとえば次の関係が成り立つときである.

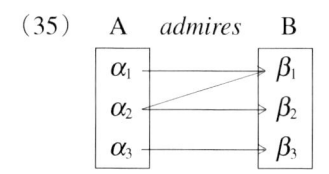

(35)　　A　　admires　　B
　　　　┌─────┐　　　┌─────┐
　　　　│ α_1 │───│ β_1 │
　　　　│ α_2 │───│ β_2 │
　　　　│ α_3 │───│ β_3 │
　　　　└─────┘　　　└─────┘

このとき，集合 A の成員のそれぞれについての値を決めるときに，集合 B の成員を見ていることに注目しよう．たとえば α_1 について，集合 B の中に「尊敬する」という関係が成り立つ成員があるかどうか，同様のことを α_2, α_3 について調べている．このようなとき，集合 A が関連する量化表現(「みんな」)が，集合 B の関連する量化表現(「誰か」)に対して「広いスコープを取る」と言う．

　他方，(33b) が真であるのは，A の集合の中で 1 人でも，B の集合の成員全員と「尊敬する」という関係が成り立つときである．たとえば次のように図示できる状況である．

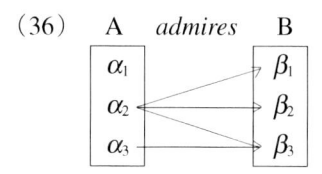

(36)　　A　　admires　　B
　　　　┌─────┐　　　┌─────┐
　　　　│ α_1 │───│ β_1 │
　　　　│ α_2 │───│ β_2 │
　　　　│ α_3 │───│ β_3 │
　　　　└─────┘　　　└─────┘

(36) の状況で言えば，α_2 がその条件を満たしているから，この状況では (33b) の表す命題は真である．ここでも，「誰か」の意味を決めるのに関わる集合 A に依存する形で，「みんな」の意味を調べることが集合 B を用いてなされているので，「誰か」が「みんな」に対して広いスコープを取っている．

　ここで注意する必要があるのは，(33a) は (35) のようなケースだけでなく，次のような状況でも真になりうる，ということである．

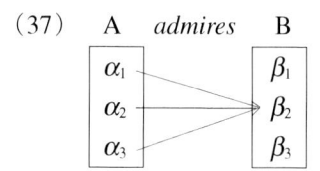

(37)　　A　　admires　　B
　　　　┌─────┐　　　┌─────┐
　　　　│ α_1 │───│ β_1 │
　　　　│ α_2 │───│ β_2 │
　　　　│ α_3 │───│ β_3 │
　　　　└─────┘　　　└─────┘

この解釈は,「ある人 x に対して,すべての人がその人 x を尊敬している」という解釈と同じに見えるので,(33a)は「誰か」が広いスコープを取る解釈を持つと考えられがちだが,ここまで見てきた手順に基づく量化表現の意味という観点からすると,違いは明らかであろう.「誰か」の意味を決めるのが「みんな」に関連する集合に依存して行われているからである.つまり集合 A の α_1 について,条件を満たす対象が少なくとも 1 人あり,それが β_2 であり,同じことが α_2, α_3 にも成り立っている,というかたちで主語の位置の量化表現の意味が決められているのである.したがって,(37)のような状況は(35)の特殊な場合にすぎないのであり,いずれの場合でも,「みんな」が「誰か」に対して広いスコープを取っているのである.

　この観点から,「かきまぜ」を含む次の例文を考えてみよう.

(38) a. 誰かを みんなが 尊敬している.
　　　b. みんなを 誰かが 尊敬している.

これらはいずれも,「かきまぜ」によって語順が(33)と異なっている文である.(38a)には,(35)で表されるような解釈がある.1つの解釈では,「誰か」が「みんな」に対して広いスコープを取る読みが可能である.この解釈は,次のように図示される.

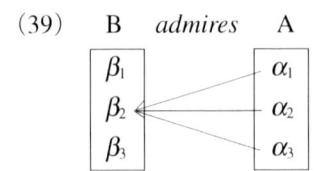

(39)　　B　　*admires*　　A

$$\begin{array}{|c|}\hline \beta_1 \\ \beta_2 \leftarrow \\ \beta_3 \\ \hline\end{array} \quad \begin{array}{|c|}\hline \alpha_1 \\ \alpha_2 \\ \alpha_3 \\ \hline\end{array}$$

上の図では,「誰か」が広いスコープを取る,という意味で集合 B を左に表している.そして矢印の方向が,主語から目的語への「働きかけ」を表していることを示している.

　(38b)には,「誰か」が広いスコープを取る解釈に加え,「みんなのそれぞれ x について,x を尊敬する人が少なくとも 1 人いる」という「みん

な」が広いスコープを取る解釈もある．この後者の解釈を上にならって示せば，次のようになるだろう．つまり，集合 B の全員にそれぞれ少なくとも 1 人，その人を尊敬している人が集合 A の中にいるのである．

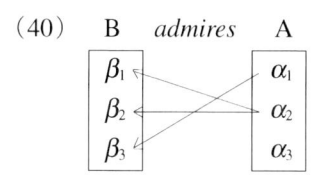

(40)　　B　　*admires*　　A
$$\begin{array}{ccc} \beta_1 & & \alpha_1 \\ \beta_2 & & \alpha_2 \\ \beta_3 & & \alpha_3 \end{array}$$

　以上の議論で，量化表現を含む文の意味解釈について考えてきたのだが，「かきまぜ」を含む文に見られるスコープの変化は，統語構造の変化とどのように関連づけられるのだろうか．(33) において，主語がいずれも目的語に対して広いスコープを取っていることから，次のような仮説が成り立ちそうである．

(41)　量化表現 Q1 と Q2 があるとき，Q1 が Q2 を c 統御していれば，Q1 が Q2 に対して広いスコープを取る．

しかし，「かきまぜ」を受けた文のスコープについては，どのように考えられるだろうか．
　前節での議論にそって，「かきまぜ」を受けた NP のもとの位置には痕跡が存在すると仮定すると，(38b) の構造は次のようなものである．

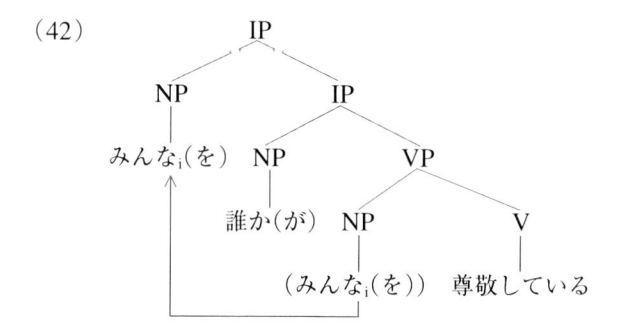

(42)
```
                IP
              /    \
            NP      IP
                  /    \
       みんなᵢ(を)  NP      VP
                         /    \
                 誰か(が) NP      V
                         |       |
                    (みんなᵢ(を))  尊敬している
```

量化表現のスコープに関与するのは，移動によって IP に付加された NP とその痕跡の両方であると考えると，(38b) に 2 つの解釈が可能であることが自然に説明される．すなわち，移動を受けた「みんな」が「誰か」を c 統御していることによって，「みんな」が広いスコープを持ち，さらに「誰か」が「みんな」の痕跡を c 統御していることによって，「誰か」が広いスコープを持つのである．(同様の方向を示す研究として，Aoun and Li (1993) を参照．この点に関しては，本シリーズの第 9 巻『極性と作用域』の第 7 章も参照．)

2.5 「かきまぜ」の多様性

「かきまぜ」を移動規則として詳しく検討していく前に，これまでに観察されてきた「かきまぜ」の持つ性質について，いくつか重要な点を見ておきたい．この節で見る「かきまぜ」の特性は，次の 3 点である．

1. 節の中で複数回適用する．
2. 長距離で適用する．
3. 移動先が多様である．

2.5.1 「かきまぜ」の複数回適用

次のような文では，1 つの節の中で 2 つの NP が「かきまぜ」を受けている．

(43) 花子$_j$ に この写真$_i$ を 太郎が t_i t_j 送った(こと)

この文で前置された 2 つの NP はそれぞれ同一指標を持つ痕跡の位置から移動を受けたと考えられる．Saito (1985) は，このようなケースは「かきまぜ」を受ける NP が IP に繰り返し付加されて派生すると考える．したがって，(43) の構造は次の樹形図で示されるものである．

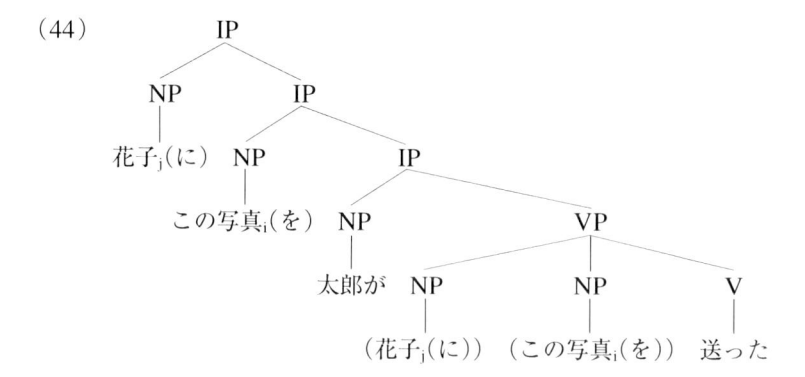

(44)
```
              IP
           ／    ＼
         NP       IP
         ｜     ／   ＼
       花子ⱼ(に) NP     IP
             ｜    ／   ＼
          この写真ᵢ(を) NP    VP
                  ｜   ／｜＼
                 太郎が NP  NP  V
                     ｜   ｜   ｜
                  (花子ⱼ(に)) (この写真ᵢ(を)) 送った
```

2.5.2　長距離の「かきまぜ」

これまで見てきた「かきまぜ」の例は，いずれも1つの節の中でNPが移動するものだったが，「かきまぜ」は節の中だけで起こるのではなく，補文の中からNPが移動して主文のIPに付加される，「長距離」の「かきまぜ」が可能である．次のような文が長距離の「かきまぜ」の例である．

(45)　この本ᵢを [太郎が [鈴木先生が tᵢ 薦めたと] 勘違いした] (こと / わけ)

長距離の「かきまぜ」が短距離のそれと，特に束縛関係について異なった性質を持っているという主張がなされている (Saito 1992)．この問題については2.6.3で少し詳しく考える．

この点に関連して，「主語は「かきまぜ」によって移動できない」という制約がある (Saito 1985)．次の例 (46b) が示すように，(46a) の補文主語を主文に付加するかたちで移動しようとすると，非文法的な文が生じる．

(46)　a.　太郎が [先生が 花子を ほめたと] 勘違いした (こと)
　　　b.　*先生ᵢが 太郎が [tᵢ 花子を ほめたと] 勘違いした (こと)

(46b) は，「花子をほめた」の主語が「先生」であるという解釈をまったく許さない．

ここで注意しておきたいのは，(46b) を次のような，主文主語が「は」でマークされた文と混同してはならないということである．

(47)　先生ᵢが　太郎は [tᵢ 花子を　ほめたと] 勘違いした．

(47) は (46b) に比べて容認性が高いが，「は」でマークされた要素は文の中で「主題」として機能しており，「が」でマークされた NP と異なった働きを持っている．「は」と「が」の違いについては久野 (1973) などに詳しい議論がある．「は」でマークされた主題は，副詞のように，文中に挿入的に用いられる可能性があると考えることもできる．したがって，(47) の構造は (46b) とは違ったものであると思われる．

2.5.3　VP への移動

これまで，「かきまぜ」は移動された NP が IP に付加される操作であると考えてきた．しかし，次のような例文を考えると，「かきまぜ」の移動先は IP に限らないと考える必要があることがわかる．

(48)　a.　太郎が　花子に [pro この本を　読むように] 頼んだ．
　　　b.　太郎が　この本ᵢを　花子に [pro tᵢ 読むように] 頼んだ．

(48b) は，(48a) の補文の中の「この本を」が主文の中の位置へ移動したと考えられるが，主文の主語より右に現れていることに注目したい．この種の「かきまぜ」は，(48) のように補文の主語が発音されない代名詞 (pro) を含む場合に容認されやすく，(50) のように明示的な主語があり，動詞が過去形という明確な時制をそなえた補文を含む場合には，容認性が低いことが知られている．(48b) は，(49) のような英語の不定詞補文を持つ文に対応している．

(49)　John asked Mary [[e] to go to Tokyo].
(50) *太郎が　この本ᵢを　花子に [マサオが tᵢ 読んだと] 伝えた．

では，(48b) の構造はどのように派生されるのだろう．もし「かきまぜ」の移動先が IP 付加の位置に限定されているとすると，補文の「この本を」

は，まず主文の IP に付加されることになる．

(51) [IP この本iを [IP 太郎が 花子に [pro t_i 読むように] 頼んだ]]．

次に，「太郎」が「この本を」の左に現れるために「かきまぜ」を受ける．

(52) [IP 太郎jが [IP この本iを [IP t_j 花子に [pro t_i 読むように] 頼んだ]]]．

しかし，これは「主語は移動しない」(Saito 1985) という制約に違反するものである．

他方，「かきまぜ」は IP 以外の構成素に付加されることが可能であると考えるとどうだろう．Saito (1985) は (48b) のようなケースでは，主文の VP に付加されると考えている．これによって得られる構造は次のようなものである．

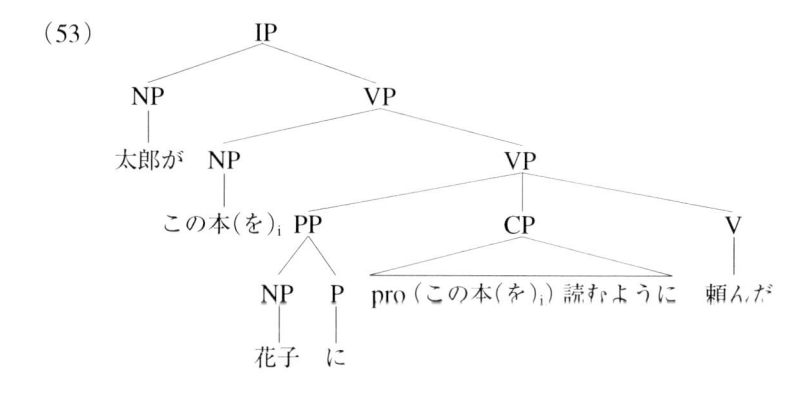

(53)
```
              IP
           /      \
          NP       VP
          |      /    \
        太郎が  NP         VP
              |       /    |    \
          この本(を)i PP    CP      V
                   /  \   / \      |
                  NP   P pro(この本(を)i)読むように 頼んだ
                  |   |
                 花子  に
```

このような派生と構造を仮定すれば，(48b) が文法的であるという事実を，「主語は移動しない」という制約を破ることなく説明することができる．

2.5.4 二重目的語構文

これまで見てきた考え方によって，次のような，いわゆる二重目的語を含む構文の語順を考察してみよう．

(54) a. 花子が 太郎に 本を 与えた／貸した／送った．
b. 花子が 本を 太郎に 与えた／貸した／送った．

一見したところ，これらの文では語順の違いが意味に影響しないようである．しかし，このタイプの構文では，(54a)のように「に」格の目的語が「を」格の目的語に先行する語順がより基本的で，(54b)のようにその語順が逆になっているものは，「かきまぜ」によって派生されたと考えられる（Hoji 1985, etc.）．基本的な構造は次のようなものであると考えられる．

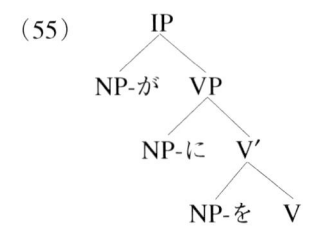

(55)
```
          IP
        /    \
     NP-が    VP
            /    \
         NP-に    V'
                /   \
             NP-を   V
```

上のような構造が基本であると考えることの根拠は，次の2つである．

(56) a. 量化詞（quantifier）のスコープ
b. 量化名詞句の束縛関係

以下，これらの議論のそれぞれについて考察する．

量化詞のスコープについて

次の2つの文を考えてみよう．

(57) a. 花子が すべての学生に 1冊の本を 貸した．
b. 花子が 1冊の本を すべての学生に 貸した．

(57a)では，「すべての学生」が「1冊の本」よりも広いスコープを取る解釈が支配的である．つまり，それぞれの学生にそれぞれ異なる1冊の本が貸された，という解釈である．それに対し，(57b)は2つの解釈を許

し，(57a) が持っているスコープの解釈に加えて，「1 冊の本」が広いスコープを取る，同じ 1 冊の本が(おそらく順番に)学生たちに貸された，という解釈が可能である．

　この現象は，(57a) が基本構造であり，(57b) は (57a) に「かきまぜ」が適用して派生された，次のような構造を持っていると考えると，2.4.2 で示した考え方に即してスコープの多義性を説明することができる．

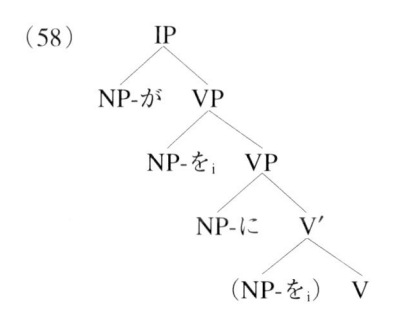

(58)
```
           IP
         /    \
      NP-が    VP
             /    \
          NP-を_i   VP
                  /    \
               NP-に    V'
                       /  \
                  (NP-を_i)  V
```

ここでは，前節での議論に従って，VP 内に生成された目的語が VP に付加されていることに注意されたい．この構造では，「NP-を」が「かきまぜ」による移動先では「NP-に」を c 統御しているので，後者に対して広いスコープを取るが，その痕跡は「NP-に」に c 統御されているので，狭いスコープを取ることになる．

量化表現と代名詞束縛

　everyone, no student などの量化名詞句が代名詞と同一指標を持つためには，固有名詞などの定名詞句に比べてより厳しい条件に従うことが知られている．次の例文を比較してみよう．

(59)　a.　The man behind him$_i$ greeted $\begin{Bmatrix} \text{John}_i \\ \text{*every man}_i \end{Bmatrix}$.

　　　b.　His$_i$ friends betrayed $\begin{Bmatrix} \text{John}_i \\ \text{*every man}_i \end{Bmatrix}$.

これらの例文では，先行詞となる名詞句は代名詞を c 統御していない．代名詞の先行詞が定名詞句であれば，束縛条件に違反しないかぎり代名詞と同一指標を持つことができるが，量化名詞句の場合には，より厳しい構造上の条件が満たされなければならない．この条件はさまざまなかたちで定式化されているが，ここでは次のような一般化に基づいて議論を進めていく．

(60) 量化名詞句は S 構造でそれが同一指標を持つ代名詞を c 統御しなければならない．

1990 年代以降の研究がさまざまなかたちで示しているように，表示のレベルとしての S 構造という概念には疑わしいものがあり，また束縛関係を捉える表示レベルとしては経験的に誤っているのだが，あくまで記述的な一般化として (60) を用いる．

(60) の一般化は基本的に日本語でも成り立つのだが，代名詞の中でも「彼」「彼女」などは，量化名詞句の束縛を受けることができないことが知られている．

(61) a. *ほとんどの学生$_i$が就職相談会に 彼/彼女$_i$の親戚を連れてきた．
b. *どの学生も$_i$学長が 彼/彼女$_i$を表彰すると思いこんでいる．

しかし，いわゆる「こ・そ・あ・ど」の代名詞の「そ」系の表現は，量化名詞句による束縛を受けることができる．

(62) a. ほとんどの学生$_i$が就職相談会に そ/そいつ$_i$の親戚を連れてきた．
b. どの学生も$_i$学長が そいつ/その人/その学生$_i$を表彰すると思いこんでいる．

日本語では，場所を表す代名詞「そこ」が，機関や団体などを指す名詞句を先行詞として用いることが可能で，そのような意味を持った名詞句が量化されたものが束縛子として働いている次の例は，(62) の例よりも自然

に感じられる．

(63) どの会社も$_i$ そこ$_i$の重役を訴えた．

以上のような考察を背景として，二重目的語構文を考えてみよう．次の一連の例文は，二重目的語構文での束縛関係を示すものである．

(64) a.　検察は すべての会社$_i$に そこ$_i$の 書類を 返した．
b. ??検察は そこ$_i$の 書類を すべての会社$_i$に 返した．
(65) a.　審査委員会は すべての本$_i$を それ$_i$の作者に 返した．
b. ＊審査委員会は それ$_i$の作者に すべての本$_i$を 返した．

二重目的語構文の基本構造が (55) であるとすると，(64a) では量化名詞句が代名詞を c 統御しており，束縛関係に問題がない．(64b), (65a) は，いずれも次の構造を持っている．

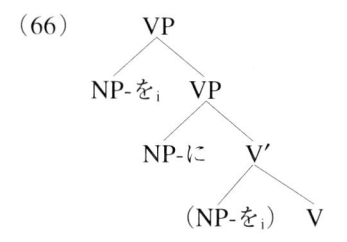

(66)　　　　VP
　　　NP-を$_i$　VP
　　　　　NP-に　V′
　　　　　　（NP-を$_i$）　V

(65a) では，前置された量化名詞句（NP-を）が代名詞を c 統御しているので，束縛に支障ない．(64b) は束縛関係を容認できないとする話者が多いが，(65b) と比較すると，微妙であるが容認性が高いのではないだろうか．この文で，「かきまぜ」で前置された代名詞を含む表現が，前置以前の位置でも解釈を受けることが可能であるなら，束縛が許されることになる．これが可能であることが我々の仮定であるが，この点については次節で議論する．

(65b) では，量化名詞句が (55) の構造の「NP-を」の位置にあって，代名詞を c 統御する可能性がないので，束縛の解釈の可能性はない．

2.6 移動規則としての「かきまぜ」

ここまで，日本語の基本的文構造を考え，この言語の「自由な語順」という側面を「かきまぜ」という規則に基づいて考察してきた．この節では，「かきまぜ」を移動規則として捉えたとき，その規則がどのような性質を持っているかを考えていく．

2.6.1 A 移動と A′ 移動

移動規則がさまざまな構文の派生に関与していることが示されてきたが，1970 年代後半以降の「原理とパラメータのアプローチ」（principles and parameters approach）の中で，ある特定の構文を生み出すための規則という考え方から，規則の定式化は「α を動かせ」（move α）というようなきわめて単純で，無制約なものとし，具体的な規則の適用が文法（人間の言語）の一般的な特性によって動機づけられ，制約されるという考え方が採られるようになっている．

これまでの研究で移動規則が関わっていると考えられているのは，次のような構文である．

(67) a. John$_i$ was scolded t_i by the teacher. （受動構文）
b. [Small cars]$_i$ drive t_i easily. （中間構文）
c. John$_i$ appears (to his neighbors) [t_i to be intelligent]. （主語繰り上げ構文）

(68) a. I wonder [who$_i$ Ms. Smith scolded t_i]. （WH 疑問文）
b. the student [who$_i$ Ms. Smith scolded t_i] （関係節）
c. [This book]$_i$ I think you should read t_i. （主題化構文）

(67) の各構文は，NP が文中のなんらかの位置から主語の位置へ移動している，という共通点がある．それに対し (68) の各構文は，主語でも目的語でもありえない位置への移動を含んでいる．

主語，目的語は，ある述語（動詞）の意味を完結させるのに不可欠のもので，「項」（argument）と呼ばれる．項は潜在的には意味役割（θ 役割，θ-

role)が与えられうるので，潜在的に θ 役割が与えられるような位置を A 位置(A-position)と呼ぶ．(A-position は Argument position に由来している．)「潜在的に」と書いたのは，(67a)の受動動詞，(67b)の中間動詞，(67c)の appear などの「繰り上げ動詞」の主語は，実際には θ 役割が与えられない位置だからである．

　これらの構文で起こる移動規則のメカニズムについては第3章で詳しく述べるが，(67)で見られる移動規則は，A 位置への移動であることから A 移動(A-movement)と呼ぶ．

　(68)に見られる移動規則は，A 位置ではない位置，つまり A′ 位置への移動である．(A の補集合という意味で A′ と呼ばれる．)(68a, b)には，WH 要素の移動が関わっている．WH 要素は次の樹形図で示す CP，つまり補文化辞(Complementizer: C)を主要部とする投射(句)の指定部に移動すると考えられる．

　(69)　$[_{CP}\underline{\quad} \text{C} [_{IP}... \text{WH} ...]]$
　　　　　　↑————————↓

WH 移動については第4章で詳しい議論をする．(68c)の主題化構文については，トピックとなる要素が IP に付加されるという考え方(Lasnik and Saito 1993; Baltin 1982, etc.)と，トピックの NP は最初から文頭に生成され，この NP と文の中の述語との関係を明示する要素として「空の演算子」(Empty Operator: Op)が CP の指定部へ，WH 要素と同じように移動する，という考え方(Chomsky 1977, etc.)がある．いずれのアプローチを採るとしても，主題化構文では A′ 位置への移動をその派生の中で含んでいることになる．

2.6.2　2つの移動と束縛理論

　前節で見た A 移動と A′ 移動は，束縛理論との関わりにおいて重要な対比を見せている．

　束縛条件は次のようであった($\Rightarrow$ 2.3.1)．

（70） 束縛条件:
A: 照応形は一定の領域の中で束縛されていなければならない．
B: 代名詞は一定の領域の中で束縛されてはならない．
C: R 表現(指示的表現)は束縛されてはならない．

束縛条件 A が述べているのは，再帰代名詞（himself など）や相互代名詞（each other）は，節などの限定された領域の中にそれを c 統御する先行詞がなければならないということであり，束縛条件 B が述べているのは，代名詞は節などの領域の中にそれを c 統御する先行詞があってはならない，ということである．次の例が示すとおりである．

(71) They$_i$ told { themselves$_i$ / each other$_i$ / *them$_i$ } that Mary likes { *themselves$_i$ / *each other$_i$ / them$_i$ }.

さて，前節で見た A 移動と A′ 移動は，束縛条件に関して異なった性質を持っている．それは，束縛理論に関与する要素の位置に関してであり，次のように要約できる．

（72） A 移動では移動先の位置が束縛に関与する．

まず，A 移動に関わる代表的な例文として，次のようなものを考えてみよう．

(73) The boys$_i$ seemed to each other$_i$'s mother [t_i to be honest].

この例文では，A 移動を受けた the boys が移動先で each other を c 統御し，その先行詞として働いている．この文の移動以前の構造は，次のようなものと考えられる．

(74) [e] seemed to each other's mother [[the boys] to be honest].

この構造では，each other の先行詞となるべき the boys が，前者を c 統御していない．(73)と意味的に平行している，時制文を含む次の例が，束

縛条件 A の違反によって非文法的であることによっても，移動元の位置が束縛に関与しないことが示される．

(75) *It seemed to each other$_i$'s mother [that [the boys]$_i$ are honest].

一方，A′ 移動について，次の例文を考えてみよう．

(76) *Which boys$_i$ did Mary tell each other$_i$'s mothers that Ms. Smith had scolded t_i?

この文で移動を受けた which boys は，移動先で照応形 each other を c 統御しているが，この位置では照応形の先行詞とはなれない．
　この，束縛理論に関する A 移動と A′ 移動の間の相違は，2 つのタイプの移動規則の移動先が，異なった性質を持っているためと考えられる．それは，A 移動の移動先が A 位置であるのに対し，A′ 移動の移動先は A′ 位置である，ということである．束縛条件が関与するのは A 位置の要素同士の関係であると考えると，A′ 移動の移動先が束縛条件に関与しないことは自然な帰結と考えられる．
　A′ 位置に移動する要素自体とは異なり，その内部に現れる照応形などの要素は，束縛条件に関与する．次の例文がこのことを示している．

(77) John$_i$ wants to know [[which picture of $\begin{Bmatrix} \text{himself}_i \\ \text{herself}_j \end{Bmatrix}$]$_k$ [Mary$_j$ likes t_k]].

移動を受けた WH 要素内の照応形は，補文内の主語 Mary に束縛される解釈を受けて herself が用いられることも，主文の主語 John に束縛されて himself として現れることも可能である．
　補文内の主語 Mary が WH 要素内の照応形を束縛する場合は，次のように WH 要素が移動する以前の位置で「再構成」(reconstruct) され，照応形が束縛を受けると考えられる．

(78) John$_i$ wants to know [which$_k$ e [Mary$_j$ likes [t_k picture of herself$_j$]]].

主文の主語 John が照応形を束縛する解釈は，(77)に束縛理論が適用することから得られる．

2.6.3 「かきまぜ」と束縛条件

これまで見てきた，移動規則の性質と束縛条件との関連という観点から，「かきまぜ」について考えてみよう．

その問題に入る前に，2.5.2 で見たように，「かきまぜ」には，1つの節の中で起こるもの(短距離の「かきまぜ」)に加えて，節の境界を越える，「長距離」の「かきまぜ」が可能であることを思い出してほしい．

(79) この本$_i$を[太郎が[鈴木先生が t_i 薦めたと]勘違いした](こと / わけ)

長距離の「かきまぜ」と短距離(節内)のそれとが，束縛理論に関して異なった性質を持つという主張がある (Saito 1992)．この考え方によると，短距離の「かきまぜ」は A 移動と A′ 移動の両方の性質を持っているのに対し，長距離の「かきまぜ」は A′ 移動の性質を持つ．次の対比を考えてみよう．

(80) a. 彼ら$_i$を[お互い$_i$の 先生]が t_i 批判した(こと)
 b. *彼ら$_i$を[お互い$_i$の 先生]が[マサオが t_i 批判した と]勘違いした(こと)

(80a)の束縛関係は，短距離「かきまぜ」で移動を受けた要素は，移動先で束縛理論に関与することができることを意味している．「かきまぜ」を受けない次の文は，束縛条件の違反が見られ，非文法的だからである．

(81) *[お互い$_i$の 先生]が 彼ら$_i$を 批判した(こと)

このことは，(80a)の短距離「かきまぜ」が，A 移動の性質を持っている

ことを示している.

他方,(80b)は非文法的である.この文を,「彼ら」が指すのが X, Y であるとして,

(82) Y を X の先生が マサオが 批判したと勘違いし,X を Y の先生が マサオが 批判したと勘違いした.

と解釈することはできない.これは,長距離「かきまぜ」で移動を受けた要素は,移動先で束縛理論に関与することはできず,次のような「かきまぜ」を受けない文と,束縛関係に関しては同じであることを意味している.

(83) *[お互い$_i$の 先生]が [マサオが 彼ら$_i$を 批判した と]勘違いした(こと)

このような考察から,長距離「かきまぜ」は A′ 移動の性質(のみ)を持つと結論づけられる.

さらに,短距離「かきまぜ」には A′ 移動の性質もあると考えられる.次のような例文の容認性が高いことが,この考え方の根拠の1つである.

(84) [お互い$_i$の 論文]$_j$を 彼ら$_i$が t_j 批判した(こと)

この文では,「かきまぜ」で前置された NP が,移動元(t_j の位置)に戻されて解釈を受けると考えれば,束縛条件 A に照らして容認されることになる.

2.6.4 「中間位置」での束縛

2.6.2 で,英語の WH 移動が束縛現象の幅を広げることを示す(77)のような例文を考えた.WH 移動を受ける要素に含まれる照応表現は,移動先の補文の CP 指定部で束縛を受けてもよいし,移動元の位置で束縛に関与してもよいことを観察した.

さらに,次の例を考えてみよう.

(85) [Which picture of himself$_{i,j}$]$_k$ does John$_i$ believe [t'_k [Bill$_j$ likes t_k best?]]

この文では，文頭の位置へ移動を受けた WH 要素の一部である照応形は，主文の主語，補文の主語のいずれによっても束縛されうるのである．

このことは，WH 移動を受けた要素が，移動元だけでなく，移動の中間の位置(t'_k の位置)でも束縛に関与する解釈を受けうることを示している．(「長距離」WH 移動の中間位置については第 4 章での議論を参照．)これはどのように説明したらいいのだろう．

Chomsky (1993) 以降の考え方に従って，論理形式 (LF) のレベルでは，移動を受けた句表現とその痕跡はたがいのコピーであると考え，それぞれの位置で意味に貢献する，と考えてみよう．(LF の役割については第 4 章を参照．)とすると，(85) は次のように，移動を受けた WH 要素を含む句表現は，文頭の位置，補文の左端の中間位置，そして移動以前の(D 構造)位置の 3 つの位置に「コピー」ができることになる．

(86) *Which picture of himself* does John$_i$ believe [(which picture of himself) [Bill$_j$ likes (which picture of himself) best?]]

このようにしてできた「コピー」は，それぞれ任意的に意味解釈に関与していく．文全体が WH 疑問文なのだから，主文の CP 指定部では，WH 要素の素性が文全体を WH 疑問文にするために貢献するが，それ以外の部分は文中の他の位置で解釈されてもよいのである．

この考え方によると，(85) は，LF で次のいずれの表示も可能であることになる．

(87) a. [Which ~~picture of himself~~] does John$_i$ believe [~~(which picture of himself)~~ [Bill$_j$ likes ~~(which~~ picture of himself) best?]]
 b. [Which ~~picture of himself~~] does John$_i$ believe [~~(which~~ picture of himself) [Bill$_j$ likes ~~(which picture of himself)~~ best?]]

上の表示で打ち消し線が引かれているのは，LF で WH の解釈と照応形

の束縛に関与しない部分である．(87a) では，WH 要素の WH 以外の部分が，移動元の位置で再構成される．この位置で照応形 himself は，Bill による束縛を受けて束縛条件を満たす．また，(87b) では WH を含む句の WH 以外の部分が，WH 移動の中間位置で解釈を受け，この位置では himself が John による束縛を受けうるので，束縛条件を満たす．

このように，英語の WH 移動は，それに関わる束縛理論に関与する要素が束縛を受ける可能性を広げる働きがあるのだが，基本的に同じことが日本語の「かきまぜ」にも見られる．

このことを見る前に，日本語の照応形について見ておこう．「照応形」(anaphor) の定義的特徴が，同一節内の名詞句によって（原則的に）束縛されることを要求する要素であるとすれば，日本語の照応形の候補となる代表的な要素としては，「自分」「自分自身」などが考えられる．よく知られていることだが，「自分」は，それが現れる節の外の名詞句による束縛を許すという点で，純粋の照応形とは言えない．

(88) 太郎$_i$ は [花子$_j$ が 自分$_{i,j}$ を 責めたと] 思いこんだ．

他方，「自分自身」は節の外に先行詞を持つことができない．

(89) 太郎$_i$ は [花子$_j$ が 自分自身$_{*i,j}$ を 責めたと] 思いこんだ．

同様の性質は「おたがい」にもあると考えられ，Saito (1985, 1992) などでも関連の議論にたびたび用いられるが，「おたがい」には「複数」に関わる意味的要因が関わる．(Nishigauchi (1992) など参照．Nishigauchi (1992) は，日本語の「おたがい」は，英語の相互照応形 each other よりむしろ，each ... the other 構文の意味機能に近いことを観察している．) さらに，「おたがい」の束縛は節内に限定されないと考えられる証拠がある (Hoji 1997a, etc.)．本書では，「自分自身」を日本語の照応形の代表として用いることにする．

2.6.5 「かきまぜ」と再構成

2.6.4 で見た移動規則が束縛関係に与える影響は，日本語の「かきま

ぜ」にも観察される．

　第一に，補文内での「かきまぜ」は，「かきまぜ」を受ける要素内の照応表現が束縛を受ける可能性の幅を広げる．

(90) a. 太郎$_i$ が [山田先生$_j$ が [自分自身$_{*i,j}$ の論文]$_k$ を 批判したと] 思いこんだ(こと)
b. 太郎$_i$ が [自分自身$_{i,j}$ の論文]$_k$ を [山田先生$_j$ が t_k 批判したと] 思いこんだ(こと)

(90a)では，「自分自身」は補文内の「山田先生」に束縛される解釈しかないが，照応形を含むNPが「かきまぜ」を受けた(90b)では，主文の主語「太郎」に束縛されることも可能になる．

　「自分自身」が「太郎」によって束縛される解釈は，前置された要素が移動先の位置で解釈されるときに得られ，「自分自身」が「山田先生」によって束縛される解釈は，移動元の位置で束縛条件が満たされることによって得られる．後者の解釈は，(90b)の移動を受けたNPがLFで(90a)のように「再構成」を受けて得られる．

　さらに，(90b)の「かきまぜ」で前置された要素を文頭の位置まで動かしてみると，どうだろう．

(91) [自分自身$_{i,j}$ の論文]$_k$ を 太郎$_i$ が [山田先生$_j$ が t_k 批判した と] 思いこんだ(こと)

この文は，「自分自身」の束縛に関して(90)と同じ特性を持っていると言える．

　「自分自身」が補文の主語「山田先生」に束縛される解釈は，前節で見たように，移動元の位置で束縛条件が適用されることによって得られる．もう1つの，「自分自身」が主文の主語「太郎」に束縛される解釈は，移動される要素が(90b)に見られるのと同じ，補文に付加された位置で束縛条件に関与すると考えれば，説明できる．つまり，日本語の長距離「かきまぜ」は，いったん補文に付加され，この中間位置からさらに主文に付加される位置へと移動を受ける，と考えるのである．

(92) ［自分自身_{i,j}...］_k を 太郎_i が ［t'_k ［山田先生_j が t_k ...］ V ...

さらに，「自分自身」を含む表現が上の t' の位置で「再構成」されて，束縛に関する解釈を受けるのである．すると，関与する事柄に関しては，(90) と同じ構造に基づいて束縛に関する評価が行われる．この構造では，主文の主語「太郎」が「自分自身」を c 統御しているので，前者が後者を束縛する解釈が許されるのである．

この節で観察してきた，束縛に関わる現象は，すべて LF で再構成を受けた構造に基づいてその可能性を評価してきている．これは，Chomsky (1993) 以降広く主張されている，束縛理論が LF で適用するという考え方に対する実質的な支持を与えるものであり，束縛理論が適用する表示レベルとしての S 構造の存在意義を，事実の面から否定するものである．

この小節で見てきた問題については，本書の第 4 章でもう一度取り上げることにする．

2.7 文の構造と量化

この節では，文の構造と英語の不定名詞句，特に冠詞を伴わない（「裸の」）複数名詞句 (bare plurals) と，日本語の名詞句の中でも量化に関わる修飾表現を伴わないもののふるまいについて，文構造との関わりで考察する．

次の英語の文について考えてみよう．

(93) a. Fire-fighters are brave.
　　 b. Fire-fighters are available.

(93a) には，「は」を伴った (94) の日本語文が対応するが，(93b) には (95a, b) の日本語文が対応する．

(94) 消防士は 勇敢だ．
(95) a. 消防士は 出動可能（なもの）だ．
　　 b. 消防士が 出動可能だ．

(93a), (94) は, 消防士の一般的な性質として,「勇敢だ」という特性を述べており,「総称的」(generic) な解釈である. 他方, (93b) は, 複数の解釈が成り立つ. 1つは総称的解釈で, 日本語の (95a) が対応する. さらに (93b) には, 少なくとも消防士が1人, 出動可能であれば真と言える解釈がある. これは日本語の (95b) に対応するものである. このように見てくると, 裸の名詞句との関わりでは, 日本語の「は」は総称的解釈に,「が」は存在量化 (existential quantifier) に対応すると言えそうである.

しかし, 問題はこれだけではない. 一見して構造上の違いがありそうにない (93) の2つの英語文が, このように意味的な違いを見せるのはなぜだろうか. さらに, 日本語の (95b) 自体, いくつかの解釈を許す.

2.7.1 投射仮説

以下の議論での中心的な問題は, 統語構造と量化を表す論理構造との間の対応関係である. 論理表示に関しては, Diesing (1992), Heim (1982) などに従い, 量化子, 限定節, 中核スコープの3つの部分からなる構造を前提とする. これによると, Every porcupine sang. の論理表示は次のようなものである.

(96) Every x　　[porcupine (x)]　　x sang
　　　量化子　　　　限定節　　　　　　中核スコープ

量化子は量化の意味を決め, 限定節は変項 x の取りうる値の範囲を限定し, 中核スコープは項と述語の関係を定義する.

もう1つ, 意味の分野で前提とされていることがある. それは, 述語の意味特性で, 主語の個体の本質的な特性を表す個体述語 (individual-level predicates) と, 一時的な行為・状態を表現する一時述語 (stage-level predicates) の区別である. 次の (97) に見られる述語は個体述語の例であり, (98) のそれらは一時述語の例である.

(97) a. Violinists are intelligent.
　　 b. Opera singers know Italian.
　　 c. Brussel sprouts are unsuitable for eating.

(98) a. Firemen are available.
b. Children are sick.

普通の理解では，それが帰せられた個体がどのように変化しても，intelligent であるという特性は変わらない．それに対し，available であるという状態は，次の瞬間には成り立たないものかもしれない．これが，個体述語と一時述語の直感的な区別である．

　個体述語と一時述語の区別は，その主語の名詞句の数量的解釈に重要な影響を与える．すなわち，個体述語の主語の位置の不定名詞句・裸の複数名詞句は，総称的解釈を持つのに対し，一時述語の主語のそれは，存在量化の意味を持つ．

　総称的解釈は，不定名詞句・裸の複数名詞句が純然たる量化表現(の一部)として用いられているケースなのだから，ここで用いられる不定名詞句・裸の複数名詞句は，三部構造をなす論理表示において限定節の中に現れる．一方，不定名詞句・裸の複数名詞句の本来的な意味であると考えられる存在量化の解釈は，「存在閉鎖」(existential closure)と呼ばれる操作によって与えられると考える(Heim 1982)．

　Diesing (1992) の分析では，存在閉鎖は中核スコープで起こると仮定する．ここから，述語の意味特性に関する区別と，不定名詞句・裸の複数名詞句の論理表示における位置について，次のような一般化が提示される．

(99) 論理表示において，
　　a. 一時述語の主語位置の裸の複数名詞句は，中核スコープに現れ，存在量化を受ける．
　　b. 個体述語の主語位置の裸の複数名詞句は，限定節に現れる．

これに基づいて，(97a), (98a) の論理表示は次のようなものとなる．

(100) a. Gen_x [x is a violinist] [x is intelligent]
　　　b. $\exists x$ x is a fireman $\wedge$ x is available

2.7.2 統語構造と投射仮説

ここまでは,論理表示についての考察を見てきた.この節では,関連する文の統語構造について概観しよう.

ここで重要な役割を果たすのは,述語内主語仮説,すなわち,すべての節の主語は D 構造で VP の指定部に生成されるという仮定である.これを前提にして,投射仮説(Mapping Hypothesis)は次のように述べられる.

(101) 投射仮説:
 (i) VP 内の要素は中核スコープに投射される.
 (ii) IP 内の要素は限定節に投射される.

英語では,D 構造で VP 指定部に生成された NP は,S 構造への派生において IP 指定部に移動される.この移動には,格理論に基づく動機があるとされる.1980 年代に仮定されていたように,格理論が適用するのが S 構造であるとすれば,LF において主語の NP は,VP 指定部へ戻されることが可能である.あるいは,格をチェックするのが LF のレベルであるとしても,このレベルで解釈に関与するのは VP 内部の位置だと考えることもできる(Hornstein 1995).

このようにして,主語の NP が VP 内に戻った構造が論理表示への入力となり,中核スコープ内で存在閉鎖が適用する.これが,(100b)のような,裸の複数名詞句が存在量化の力を持った解釈に相当する表示となる.

一時述語の主語は,存在量化と総称の 2 つの解釈がありえるのだが,(97)に見られるように,個体述語の主語には多義性はなく,総称の解釈のみが可能である.仮定している枠組みに基づいて言うと,個体述語の主語は IP の中でのみ論理表示へ投射される,言い換えれば,VP 指定部への繰り下げは起こらない,ということになる.

このことを単なる規定(stipulation)としてでなく捉えるために,Diesing (1992) は,節の句構造と θ 構造に関する 1 つの仮説を提示している.それは,個体述語は [Spec, IP] に対し θ 役割を付与する Infl を持つ,というものである.このことは,個体述語の [Spec, VP] の位置は,独立し

た θ 役割が与えられる空範疇を持つことを意味する．英語でそのような条件を満たす空範疇は PRO である．つまり，この分析では，個体述語は次に示すようなコントロール構造を持つ．

(102)　[$_{IP}$ NP [$_{I'}$ I [$_{VP}$ PRO [$_{V'}$ V NP]]]]

[Spec, VP] が θ 位置であれば，LF での [IP, Spec] からこの位置の繰り下げは排除できる．

2.7.3　2つの存在量化

本節の初めに，「消防士が出動可能だ」という文には複数の解釈が可能だと述べた．このことを見るために，不定名詞句の存在量化について考察を進めてみよう．ここでは，Diesing が基数的 (cardinal) と前提的 (presuppositional) と呼ぶ，2つの存在量化のあり方についての議論を考察する．

この区別は，Milsark (1974) の限定詞の強・弱の区別 (strong vs. weak determiners) に基づくものである．強限定詞は every, most などの量化子が属し，意味特性として，それらが適用する事物の存在を前提する．Most porcupines sing. という発言が適切に用いられるためには，porcupines (の集合) の存在が前提されなければならない，ということである．弱限定詞は a, some, few などで，そのような存在前提を持たない数量表現である．

不定名詞句は，弱限定詞としてだけではなく，強限定詞としてもふるまうのであり，前者として用いられるときには，基数的に用いられていると言い，後者として用いられているとき，前提的と呼ぶ．論理表示では，基数的に用いられる不定名詞句は，VP を適用領域とする存在閉鎖を受けるのに対し，前提的に用いられるそれらは，他の数量表現と同じように限定節を持つ．これにそって，次の例文は，Diesing (1992) の観察によると 3 通りに解釈が可能である．

(103)　Every cellist played some variations.

チェロ奏者のコンテストを想定してみよう．次のような 3 つのケースが考

えられる．

1. あらかじめこのコンテストで演奏できる変奏曲のリストが決まっており，奏者はそのリストからまちまちの変奏曲を選んで演奏した．
2. 同じ状況で，奏者たちは(偶然)同じ数曲を選んで演奏した．
3. このコンテストでは奏者は決まった曲目のリストから選ぶのではなく，いくつかの変奏曲を即興で演奏しなければならない．

この 1. と 2. のケースでは，variation の集合の存在が前提されており，some variations は前提的に用いられている．このときには，every cellist との間にスコープの相互作用があり，1. が some が every より狭いスコープ，2. が広いスコープの解釈をそれぞれ示している．3. のケースが基数的な解釈を表すものである．大切なことは，この場合にはスコープの多義性はなく，some ... は狭いスコープしか取れないことであり，論理的に予測される第四の基数的で広いスコープを取る読みがないことである．これは，基数的解釈を生み出す存在閉鎖の適応領域が VP に限られていることの証拠とも言える．

まとめると，(103) の論理表示として次の 3 つが得られることになる．

(104) a. Every:x [cellist(x)] Some:y [variations(y)] x played y
b. [Some:y[variations(y)] Every:x [cellist(x)] x played y]
c. Every:x [cellist(x)] ∃:y variations(y) ∧ x played y

かくして，不定名詞句には強限定詞としての量化的な側面があり，それを前提的存在量化というかたちで具体的にすることができるのである．

2.7.4 「は」と 2 つの「が」

ここまで概説してきた不定名詞句の扱いは，日本語の裸の名詞句の論理構造的特性について重要な帰結をもたらす．日本語では，「は」でマークされた裸の NP は総称の解釈を受ける．

(105) a. ハリネズミは危険だ．
b. 消防士は勇敢だ．

本書では,「は」を含む要素(主題とも呼ばれる)の構造的側面については考察しないが,それが不定名詞句を伴って総称という強限定詞の働きをすることは,「は」を持つ主題が少なくとも VP の外側に実現されることを意味する.IP に付加される位置,あるいはそれよりも上の CP,さらにはそれより上の投射の位置が考えられる.

さて,我々は上の議論で,

(106) 消防士が出動可能だ.(=(95b))

には複数の解釈があるということを述べたが,その詳細は明らかにしていない.しかし,2.7.3 の議論を経たいま,その答えが,基数的解釈と前提的解釈による多義性であることは明らかだろう.すなわち,(106)は何の文脈上の前提もなく「出動可能な消防士が少なくとも 1 人いる」という読み(基数的解釈)と,消防士以外に警察官,自衛官,ガードマンがそれぞれ数人いるという前提の中で,「(他の人はそうでないが)消防士(のみ)が出動可能だ」という読み(前提的解釈)である.

この後者の前提的解釈は,主語の「消防士が」の部分を少し強く発音してみると,より得やすくなる.このことは,ここで論じている前提的解釈が,日本語学で伝統的に論じられている「が」の用法の 1 つである「総記」(exhaustive listing)の用法と,少なくとも共通するところがあることを示している.基数的解釈は,「中立叙述」(neutral description)と対応する.(「が」のこれらの用法についての議論は,久野(1973)を参照.)

次の文のように,個体述語を含む文ではどうだろう.

(107) ハリネズミが危険だ.

この文は座りの悪い印象があり,非文法的と判断されることがあるようだが,たとえば他の種類の動物の存在を前提し,それらと比較する文脈では受け入れやすい.「が」でマークされた裸の NP は,前提的解釈のみが可能なのである.

この現象は,2.7.2 で見た Diesing の分析によれば,個体述語は VP 内に PRO を主語として取り,「が」でマークされた明示的主語は IP 内

で現れると考えることになる．比較のために，一時述語を含む文と並べて構造を考えてみよう．

(108) a. [$_{IP}$ ハリネズミが$_i$ [$_{VP}$ t_i 病気だ]].
b. [$_{IP}$ ハリネズミが$_i$ [$_{VP}$ PRO$_i$ 危険だ]].

一時述語を含む (108a) では，主語の「ハリネズミ」がVP内の痕跡 t の位置で解釈されることが可能であり，このとき基数的解釈が得られ，IP内の移動後の位置で解釈されるときに，前提的解釈が得られる．他方，個体述語を含む (108b) では，VP内の主語位置はPROに占められており，「ハリネズミが」は，IP内でしか解釈を受けることができない．このことが，後者が前提的解釈のみを持つことを説明する．

2.7.5 構造との対応

これまでの議論で，日本語の「が」には基数的解釈と前提的解釈に対応する用法があることを見たのだが，この区別を文の構造と関連づけて論証することはできるだろうか．ここでは，解釈と構造の対応を示す2つの議論を提出する．

まず，副詞の挿入に関する議論から見よう．次の例文は，一時述語を含み，主語の量化的解釈は基数的・前提的解釈のいずれも可能である．

(109) あの店では ジャズのCDが 安い．

この文の前提的解釈は，あの店では他にカントリーやクラシックのCDを売っているが，それらのCDは高くてジャズのCDが安い，といった状況を考えると得やすい．この文の基数的解釈は，他のジャンルのCDが高いか安いかと無関係にジャズのCDが安い，あるいは安いものがある，という状況を想像すればよい．

他方，語順を変えた次の文ではどうだろう．

(110) ジャズのCDが あの店では 安い．

この文は，前提的解釈，すなわち他のジャンルとの比較・対比での読みが

支配的である．これは，主語の NP が挿入的主題要素「あの店では」より左にあることで，構造的に IP 内に存在することによる．

(111) [$_{IP}$ ジャズの CD が$_i$ [$_{VP}$ あの店では [$_{VP}$ t_i 安い]]].

もちろん，IP 内にある「ジャズの CD」は，VP 内の t の位置でも解釈される可能性はあるはずであり，それが可能であれば (110) には基数的解釈も存在することが予期される．

しかし，(110) では，「ジャズの CD」が副詞よりも前置された位置で解釈されることによって，「焦点」のような意味的機能を持つのだと考えれば，LF での量化的解釈に関与するのは，この前置された位置のみであると考えられる．

次に，スコープに関わる議論を見よう．一般に，日本語の量化表現の相対的スコープが語順に対応する度合いは，英語のそれよりも強いと考えられる．たとえば，

(112) Someone is feeding every donkey.

は，はっきりと多義性が認識され，(i) 少なくとも 1 人の人がおり，この人がすべてのロバに餌をやっている，(ii) すべてのロバに対して，それぞれ少なくとも 1 人，それに餌をやっている人がいる，という解釈がいずれも可能である．他方，次の日本語の文は上の (i) の解釈しかない．

(113) 誰かが すべてのロバに 餌をやっている．

日英語の間でこのような差異があるのがなぜなのか，明らかにされたことはないが，日本語には「かきまぜ」があり，

(114) すべてのロバに 誰かが 餌をやっている．

には，上の多義性が明確に認識されるので，日本語に一見して欠けている表現上(解釈上?)の必要性を「かきまぜ」が補っている，という見方も可能かもしれない．

他方，裸の不定名詞句を含む構文では，日本語でも，語順とは必ずしも

対応しないスコープ関係が観察される．このような現象が観察されやすいのは，「ひと」のような記述的内容が希薄な不定名詞句が主語に用いられたときである．

（115）　ひとが　すべての公衆電話を　使っている．

この文の自然な解釈は，すべての電話が(別々の人によって)使用中である，という解釈である．「ひと」は記述内容が希薄であるために，「ひと」を含む集合の存在を前提して，その集合の中で他の下位集合をなす成員と「ひと」を比較して解釈することが普通ありえないので，基数的解釈のみが可能になる．つまり，（115）で「すべての公衆電話」が「ひと」より広いスコープを持つことは，前者が強限定詞である量化表現でその解釈領域をIPとするのに対し，「ひと」は基数的解釈のみを持ってVP内でのみ解釈されることによる．

（116）　[$_{IP}$ すべての公衆電話を$_j$ [$_{IP}$ ひとが$_i$ [$_{VP}$ t_i t_j 使っている]]]．

このLFでの構造で，「すべての公衆電話」はIPに付加された位置で解釈されるが，「ひと」はVP内のt_iの位置で解釈されるのである．

さらに次の文を考えてみよう．

（117）　学生が　すべてのコンピュータを　使っている．

この文を，いくつかの異なった文脈を頭に描いて解釈してみると，スコープに異なった可能性が出てくる．

まず，この文が，大学の学生のためのコンピュータ室で発話されたとする．この状況では，（115）と同じく，コンピュータはすべて使用中という読みが支配的である．これは，大学のコンピュータ室では学生がコンピュータを使うのがあたり前で，主語の位置を占めうる，「学生」と学生以外のものを下位集合とするような集合を前提して解釈するのが難しいからである．したがって，この状況では（116）のようなLFのみが対応する．

他方，この文がオフィス街のインターネット・カフェで発話されたとし

たらどうだろう．この場合には，スコープの多義性があり，1人ないし少数の学生がその店のコンピュータを占拠しているという読みと，それぞれのコンピュータを使っているのが学生だという読みの，両方が可能である．これは，インターネット・カフェでコンピュータを使うのはオフィス街で勤める会社員など，「学生」とそれ以外を下位集合とする集合を前提することが自然になるためである．このときには「学生」が前提的解釈を受けて IP 内の位置で解釈され，他の量化表現と解釈の領域が同じになるためにスコープの相互作用が起こり，多義性が可能となるのである．

このように，他の量化表現と共起する文を考えると，基数的解釈は常に狭いスコープを取るのに対し，前提的解釈はスコープの相互作用が起こって，多義性が観察される．このことは，基数的解釈を持つ不定名詞句は VP 内部で解釈されるため，IP を領域とする他の強限定詞に常に c 統御される位置にあることによる．

もう1つ，前提的・基数的解釈と構造との間の関連性を示す現象がある．それは，非対格動詞と非能格動詞と呼ばれる動詞の間の区別である．非対格動詞は，「立つ，倒れる」など個体の状態や様態の変化を表す動詞で，一般に主語と考えられる「が」でマークされる名詞句は，じつは目的語のような性質を持っていると考えられるものである．それに対し，「踊る，暴れる」など非能格動詞は，純然たる自動詞と言えるもので，「が」でマークされる主語は行為者（Agent）の意味役割を持ち，最近の理論的分析の中では，VP の外側の機能範疇の中で導入されると主張されることもある．

このことを頭において，次の文を考えてみよう．

（118） ガードマンが すべての建物の前で 踊った/暴れた．

この文の支配的な読みは，1人または少数のガードマンがすべての建物の前で(順番に)踊った/暴れた，というもので，「ガードマン」が「建物」に対して広いスコープを取ると考えられる．これと比較して，次の文を考えてみよう．

（119） ガードマンが すべての建物の前で 立っている/倒れた．

この文には複数の解釈がある．1つの解釈は，(118)と同様の読みだが，もう1つの読みは，すべての建物の前でそれぞれ1人(ないし数人の)ガードマンが立っている/倒れた，というもので，「すべての建物」が「ガードマン」に対して広いスコープを取る解釈である．

この対比は，(118)が非能格動詞，つまり純然たる自動詞を含む文であるのに対し，(119)が非対格動詞を含む文であることに由来する．上で述べたように，非能格構文の行為者である主語はVPの外側のIPの(なんらかの範疇の)中に現れるのに対し，非対格構文の「が」格名詞句はVP内の目的語の位置に生成されると考えると，(118), (119)はそれぞれ次のような構造を持つことになる．

(120) a. [IP ガードマンが [VP すべての建物の前で [VP 踊った/暴れた]]].
b. [IP ガードマンが_i [VP すべての建物の前で [VP t_i 立っている/倒れた]]].

(120a)では，「ガードマン」がIPの中に現れ，強限定詞としての扱いを受ける．したがって，原則的には「ガードマン」と「建物」はどちらも広いスコープを取る可能性があるのだが，この小節の冒頭でふれたように，日本語での強限定詞どうしのスコープ関係は語順に支配されるところが大きいので，「ガードマン」が広いスコープを取る読みが支配的となる．他方，非対格構文の(120b)では，「ガードマン」はIP内でもVP内でも量化の解釈を受ける可能性がある．後者の場合は弱限定詞として働き，投射仮説に基づいてVP内で存在閉鎖を受けて基数的解釈を得るので，必然的に他の強限定詞よりも狭いスコープを取るのである．

日本語の主語として働く名詞句がIPにあるとする統語的な根拠については，第3章で検討する．

2.8 まとめ

この章では，日本語の語順と基本的な節の構造について，主に量化表現のスコープと束縛理論に言及しながら，さまざまな側面を概観してきた．

まず，日本語の基本的な節の構造にVPという節点が必要であることを，代名詞を含む同一指示の現象と数量詞遊離（QF）に基づいて議論を展開した．これを基盤として，日本語の比較的自由な語順は，「かきまぜ」という移動規則に基づいて説明するべきであることを示した．次に，移動規則としての「かきまぜ」について検討した．「かきまぜ」には，1つの節の中で起こる短距離のものと，複数の節にまたがって起こる長距離のものがあり，前者はA移動，A′移動の両方の性質を持っているが，後者はA′移動の性質を持っていることを，束縛条件に関わる現象に基づいて示した．最後に，長距離「かきまぜ」の移動における中間位置も，束縛関係に関与することを見た．

　本章の後半では，「投射仮説」に基づいて，文の構造と量化の対応関係について論じた．存在量化に2種のものがあり，この区別が，不定名詞句が現れる構造上の位置の違いに関連していること，さらにこの区別が，日本語の「が」の用法に関連していることを示した．

第3章 名詞句移動

3.1 はじめに

英語では(1)のような能動文に対して,(2)のような受動文が存在する.

(1) Mary invited John.
(2) John was invited (by Mary).

英語の受動文には,(i)動詞が受動態を表す形態をとる,(ii)能動文では目的語の位置に現れる名詞句が,主語の位置に現れる,(iii)能動文では主語の位置に現れる名詞句が格下げされて,主語以外の位置に現れる,という3つの特徴が見られる.

まず,生成文法理論,とりわけ「原理とパラメータのアプローチ」では,英語の受動文がどのように分析されてきたかを概観しよう(cf. Chomsky 1981; Jaeggli 1986; Baker, Johnson and Roberts 1989). 英語をはじめ,さまざまな言語の文の中の名詞句の分布は,(3)の「格フィルター」(Case Filter)のような原理を想定することによって説明できることが知られている.(Chomsky (1995)などでは,名詞句が動詞や時制辞などによって格を「付与」(assign)されるのではなく,これらによって名詞句の格が「照合」(check)されると考えられている.両者の区別は本書では重要ではないので,便宜上「付与」という用語を用いることにする.)

(3) 格フィルター: 音形を持つ名詞句は格を持っていなければならない.

動詞の項には，動詞から直接 θ 役割を付与される「内項」(internal argument) と，動詞と内項からなる動詞句から θ 役割を付与される「外項」(external argument) がある．通常，内項の名詞句は目的語の位置に，外項の名詞句は主語の位置に現れる．受動形態素 -en には，動詞が目的語に与えるはずの格を吸収し，さらに外項の θ 役割を吸収する働きがある．(後者の働きに関しては，「外項の θ 役割を抑制する」と言ってもよい．) したがって，受動文では目的語が動詞から格を受けることができず，そのままでは格フィルターによって排除されてしまう．主語の位置に移動して主格を付与されれば，格フィルターは満たされる．(4) の「θ 基準」(θ-criterion) により，θ 位置への移動は(項が2つの θ 役割を担うことになり)禁止されるが，受動形態素が付いた動詞は外項の θ 役割が吸収されているので，主語の位置は θ 役割を付与されず，この位置への移動が可能とされる．(能動文の外項は受動文では随意的な付加詞として現れる．) このようにして，(5a) から (5b) が派生される((5b) では，さらに be が I (Past) に繰り上げられ was として実現するが，ここでは省略する：⇒ 5.3)．

(4) θ 基準
    a. 各々の項は唯一の θ 役割を付与されねばならない．
    b. 各々の θ 役割は唯一の項に付与されねばならない．

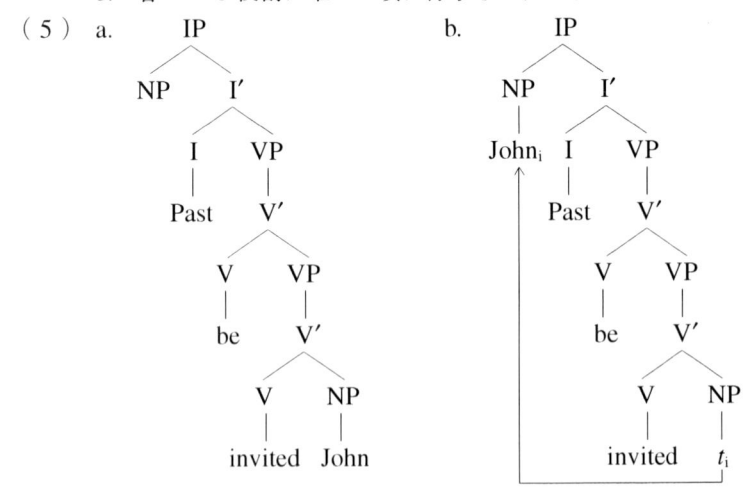

(5) a.
```
        IP
       /  \
      NP   I'
          /  \
         I    VP
         |    |
        Past  V'
             /  \
            V    VP
            |    |
            be   V'
                /  \
               V    NP
               |    |
           invited  John
```

b.
```
             IP
            /  \
           NP   I'
           |   /  \
        John_i I   VP
               |    |
              Past  V'
                   /  \
                  V    VP
                  |    |
                  be   V'
                      /  \
                     V    NP
                     |    |
                 invited  t_i
```

目的語から主語への名詞句の移動は，主語や目的語といった文法的機能（grammatical function）を担う位置への移動で，A 移動（A-movement）（または名詞句移動（NP movement））と呼ばれる．次のようないわゆる繰り上げ（Raising）文も，A 移動が関与している．ここでも，受動文の場合と同様，名詞句が格のない位置から格のある位置へ，θ位置から非θ位置へ移動している．

(6)　a.　__ seems [John to be happy]（D 構造）
　　　b.　John$_i$ seems [t_i to be happy].
(7)　a.　__ is likely [John to leave]（D 構造）
　　　b.　John$_i$ is likely [t_i to leave].

さて，日本語の受動文として，たとえば次の文を考えてみよう．

(8)　太郎が警察に逮捕された（こと）

「逮捕される」（taihos-are-ru）は (r)are という受動形態素が含まれており，能動文の「逮捕する」の目的語に相当する「太郎」が，主語として現れている．また，能動文では主語として現れる「警察」が「に」を伴って現れており，主語以外の位置にあるように見受けられる．（受動形態素は，母音動詞には rare，子音動詞には are という形で付く．以後，両者をまとめて (r)are と表記する．）

このような特徴を見るかぎり，日本語にも英語と類似の構文が存在するように見えるが，日本語の受動文も，名詞句の移動が関与しているのだろうか．上でふれた英語の分析をそのまま日本語に当てはめてみると，次のようになる．(r)are は日本語の受動形態素で，英語同様，動詞が目的語に与えるべき格と外項のθ役割を吸収し，目的語の名詞句は主語の位置に移動して主格（「が」格）を付与される．（本書では述語部分の形態素分析が必要な場合には，以下のように，その部分のみをローマ字表記する．）

(9)　太郎$_i$ が警察に [t_i taihos-are]-ta（こと）

しかしこのままでは，英語の分析を，意味的に類似した日本語の構文に当

てはめたにすぎない．これが当該の構文の性質を説明するのに一番よい分析なのか，日本語の中にどのような証拠があるのかを，あらためて検討する必要がある．日本語にも名詞句移動が存在するのか，それは英語と同じような特徴を持つのか，という問題を考えることは，英語や他のヨーロッパ系言語の研究を通して提案されてきた普遍文法の諸原則が日本語にも当てはまるか，当てはまるとしたらどのようなところに現れているか，当てはまらないとしたらその原因はどこにあるのかという問いにもつながる．

この章では以上のような問題意識から，日本語のA移動の可能性を探る．3.2節で日本語の文構造における主語の位置について概観した後，3.3節では繰り上げ文を，3.4節では受動文を取り上げる．特に，3.4節では，非対格動詞を含む文の派生や遊離数量詞の分析についてもあわせて考察し，これまで提案されている日本語の受動文の分析を詳細に検討することによって，より統一的な分析を提案し，日本語受動文の全体像と今後検討すべき問題点を明らかにしたい．最後に3.5節で本章全体の議論をまとめる．

3.2　日本語における主語の位置

英語では，主格は時制辞によって付与される（あるいは照合される）．また，時制辞は拘束形態素であり，表面上は動詞や助動詞に付加されるが，にもかかわらず統語構造上は独立した要素Iと見なされ，この要素Iを主要部とする範疇IPが，いわゆる文（S）であると考えられる．さらに，「VP内主語仮説」（VP-Internal Subject Hypothesis）のもとでは，主語名詞句はまずVPの指定部に生成され，その位置で外項のθ役割を（V′から）付与された後，IPの指定部の位置に移動し，時制辞Iから主格を付与される．John ate fish. という文を例に，これを示したのが下図である．

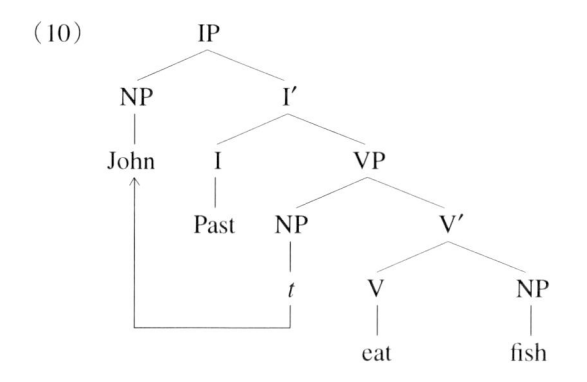

(10)
```
         IP
        /  \
      NP    I'
      |    /  \
     John I    VP
          |   /  \
         Past NP  V'
              |  /  \
              t V   NP
                |   |
                eat fish
```
(John ← t 移動)

　日本語でも，主語名詞句は IP の指定部に移動しているのであろうか．日本語は英語と異なり，主語と動詞の間の一致（agreement）現象はない．しかし，主格は時制辞の存在と無関係ではない．日本語では時制辞は，「る」や「た」という接辞のかたちで現れる．この接辞が I という範疇に属すると考えると，日本語の文構造は，この時制接辞 I を主要部とする IP ということになる．さらに VP 内主語仮説を採ると，日本語の基本構造は次のように描くことができる．

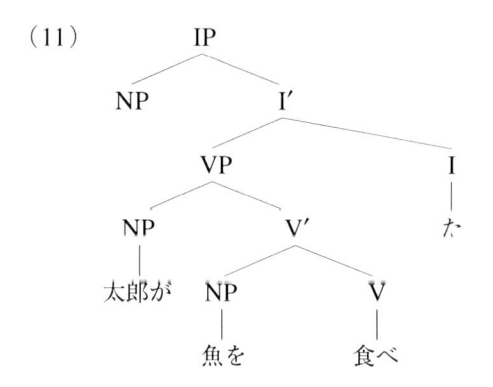

(11)
```
         IP
        /  \
      NP    I'
           /  \
          VP   I
         /  \  |
        NP  V' た
        |  /  \
       太郎が NP  V
              |   |
              魚を 食べ
```

　この構造を前提にして，主語名詞句の「太郎」は，IP の指定部に移動して主格を付与されるのかどうか，主格と時制辞の関係について考えていこう．
　英語では，時制辞の存在が主格付与の条件になっており，たとえば不定

詞節の主語には主格が与えられることはない．日本語でも，主格は時制辞の存在に依存するという議論がある(Takezawa 1987; 竹沢 1998)．議論の1つは，次のような使役構文や「もらう」構文に基づくものである．

（12） a. 太郎が魚を食べた．
　　　 b. 花子が［太郎 *が / に　魚を食べ］させた．
（13） a. 太郎が本を読んだ．
　　　 b. 花子が［太郎 *が / に　本を読んで］もらった．

［　］括弧で示した補文内には時制辞が存在せず，「太郎」は補文内の主語であるにもかかわらず，主格を担うことができない．このことは，時制辞の存在が主格付与に不可欠であることを示唆する．

　もう1つの議論は，形容詞・形容動詞の連用形を含む構文である．

（14） a. 太郎は［花子の大学合格 が / を　とてもうれしいと］思っている．
　　　 b. 太郎は［花子の大学合格 *が / を　とてもうれしく］思っている．
（15） a. 花子は［太郎の馴れ馴れしい態度 が / を　迷惑だと］思っている．
　　　 b. 花子は［太郎の馴れ馴れしい態度 *が / を　迷惑に］思っている．
　　　　　　　　　　　　　　　　　　　　　　　　　　　（竹沢 1998, 49-50）

ここでも (14b), (15b) の時制辞を含まない補文には，主格の名詞句が現れない．形容詞や形容動詞の連用形が，英語の不定詞形同様，非定形の形式であるとすると，(14), (15) の観察は，主格の出現が時制辞の存在に依存していることを示すもう1つの証拠になる．なお，(14b), (15b) の補文の主語は，「思う」から節の境界を越えて対格を付与される．これを「例外的格付与」(Exceptional Case Marking) と呼ぶ．補文が時制辞を含む (14a), (15a) でも，補文の主語が対格を担うことが可能であるが，この場合，対格を担っている名詞句は「とてもうれしい / 迷惑だ」の直接の主語ではなく，次のような構造をしていると考えられる(竹沢 1998, 56-58)．

(16) 太郎は［α 花子の大学合格を［CP pro とてもうれしいと］］思っている．

(16)が示すように，「とてもうれしい」の直接の主語は，補文の時制辞によって主格が与えられるゼロ代名詞 pro であり，それが「花子の大学合格を」を先行詞にしていると分析されるが，この構造における α がどのような範疇を形成するかは，未解決の問題として残っている．

時制辞を含まない補文の例として，さらに次の例を考えてもよい．

(17) a. 部屋がきれいだ．
b. 太郎が［部屋 *が / を きれいに］した．

ここで「する」は［ ］括弧で示した部分全体を補文にとっているが，その補文の主語である「部屋」は，補文内に時制辞が存在しないため，主格形をとることができない．このように，時制辞が現れない補文の主語名詞句には，主格は付与されない．この点で日本語の主格付与には，英語の主格付与と同様，時制辞が重要な働きをしていると言える．

しかし，日本語では単一の文に，主格を担った名詞句が2つ以上現れることができる．次のような文がその例で，これは「多重主語構文」あるいは「多重主格構文」呼ばれる．

(18) a. 文明国が男性が平均寿命が短い．
b. 山が木がきれいです．

ここではこの構文の詳細な分析に立ち入る余裕はないが (cf. Kuno 1973; Shibatani and Cotton 1976–77; Saito 1982; Kuroda 1988; Tateishi 1991; Ura 1996, 2000; etc.)，この日英語の違いの説明を，文法的一致の有無に求めることができる．英語では，時制辞が人称・数という一致要素とともに屈折辞 (I) という範疇を形成しており，この一致要素が1対1対応を要求するために，それにともなって時制辞が主格を1つの名詞句にしか与えることができない．それに対して，日本語には一致現象がないので，1対1対応を要求するこの条件に縛られず，時制辞が複数の名詞句に主格を付与することができる(竹沢 1998)．

このように，日本語でも時制辞の存在が主格の付与の可能性を決定しているとしても，英語と同様に主語名詞句がVPの指定部からIPの指定部に移動し，主格がIPの指定部の位置で付与される，とすぐに結論することはできない．実際，時制辞がVP内の名詞句に「例外的に」主格を与えることができる，経験的証拠がある．次節で考える「繰り上げ文」がそれである．

3.3 繰り上げ文

本節では，日本語に，英語の繰り上げ文に相当する構文が存在するかどうか考える．まず，英語の繰り上げ (Raising) 文の例として (19) を考えてみよう．

(19) John seems to Mary to be happy.

この文の主語である John は，seem とはなんら意味的関係を持っていない．seem の「項」が何か，強いて言うとすれば，ジョンが幸せであるということ (John to be happy) だろう．ところが，その内容を主語に置いた次の例は，いずれも非文である．

(20) a. *(For) John to be happy seems to Mary.
   b. *That John is happy seems to Mary.

これに対して，従属節を動詞の補部に置き，主語に虚辞の it を置いた次例は可能である．

(21) It seems to Mary that John is happy.

このような観点から，seem は外項を持たない述語であり，(19) の文は次のような D 構造を持つと考えられる．

(22) ＿ seems to Mary [John to be happy]

不定詞節の to は独自の時制を持たず，John に主格を与えることができない．また，seem は自動詞であり格を持たないので，この John に「例外的に」(＝節の境界を越えて) 格を与えることもできない．このままで

は，John は格のない名詞句として格フィルターで排除されてしまうが，(23) に示すように，John が主文の主語に移動し，そこで主格をもらうことによって，格フィルターの違反を避けることができる．seem の主語の位置は非 θ 位置なので，この位置への移動は θ 基準にも抵触しない．

(23)　John seems to Mary [__ to be happy].

これがいわゆる「主語から主語への繰り上げ」(subject-to-subject raising) で，A 移動の例である．

このような現象は日本語にもあるだろうか．次のような例を，上記の例と意味的に類似する文としてあげることができる．これを「思える」文と呼ぼう．

(24)　a.　メアリーがジョンにとても素敵に思えた．
　　　b.　メアリーがジョンにとても美しく思えた．
(25)　a.　ジョンにメアリーがとても素敵に思えた．
　　　b.　ジョンにメアリーがとても美しく思えた．

もし，これらの文が繰り上げ文であるとすると，たとえば (24a) の例は，以下のような派生をたどることになる．(本節での繰り上げ文の考察においては，便宜上，主語は IP の指定部に位置すると考えておく．)

(26)　a.　D 構造
　　　　　[$_{IP}$ __ [$_{VP}$ ジョンに [$_{XP}$ メアリー　とても素敵に] 思え] た]
　　　b.　主語の繰り上げ
　　　　　[$_{IP}$ メアリー$_i$ が [$_{VP}$ ジョンに [$_{XP}$ t_i とても素敵に] 思え] た].

この分析によれば，(24a) では，(26a) の D 構造から，(26b) に示すように「メアリー」が IP の指定部に移動し，主格を付与される．また，「に」格の名詞句が「が」格の名詞句に先行している (25) は，(27) のように，「に」格を持った名詞句を「かきまぜ」(scrambling) によって文頭に移動させた結果ということになる．

(27) [₁ₚ ジョンに₁ [₁ₚ メアリー₁が [ᵥₚ t₁ [ₓₚ t₁ とても素敵に] 思え] た]].

しかし，これらの文は英語の繰り上げ文のような派生をたどるのではなく，(28) に示すように，「メアリー」は主節の主語位置に移動することなく (26a) の D 構造の位置で主格を付与されると考えるべき根拠がある (Takezawa 1993).

(28) [₁ₚ ___ [ᵥₚ ジョンに [ₓₚ メアリーがとても素敵に] 思え] た].

「が」格の名詞句が「に」格の名詞句に先行する (24) は，(28) の「が」格の名詞句を「かきまぜ」によって移動させたもので，繰り上げによる移動ではないということになる．以下が，「かきまぜ」の結果得られる構造である．

(29) [₁ₚ メアリーが₁ [₁ₚ ___ [ᵥₚ ジョンに [ₓₚ t₁ とても素敵に] 思え] た]].

Takezawa (1993) の主な議論を見ていこう．(なお，(26)–(29) で XP と表示した部分については，形容詞・形容動詞の連用形語尾「く」・「に」を，英語の不定詞の to ([–tense] I) に対応するものと考えれば，これを主要部とする IP と分析することもできるが (竹沢 1998)，以下では XP のままにしておく.)

まず最初の議論は，日本語の再帰代名詞「自分」の性質を用いたものである．「自分」の先行詞になりうる名詞句には，次のような条件がある．

(30) 「自分」の先行詞は「自分」を c 統御し，かつ主語の位置になければならない．

(30) の後半部の性質は「主語指向性」と呼ばれ，英語の再帰代名詞にはない特徴である．たとえば次例では，主語であるメアリーしか「自分」の先行詞になれない．

(31) メアリーがジョンに自分の本を渡した．

さて，もし (32) の「メアリー」が主節の主語の位置に移動しているなら

ば，「メアリー」を「自分」の先行詞とする解釈は（30）の条件を満たすはずである．

(32) *メアリー$_i$が自分$_i$の息子にとても素敵に思えた．

(32)の非文法性は，「メアリー」が主節の主語の特性を持っていないことを示している．ちなみに，(33)の受動文では，「メアリー」が「自分」の先行詞になりうる．「自分」を用いることによって，受動文の「メアリーが」は主語の位置を占めていることがわかる．

(33) メアリー$_i$が自分$_i$の息子にとても素敵に思われている．

「思える」文の繰り上げ分析に反対する2つ目の議論は，量化表現のスコープに関するものである．議論に入る前に，2.4.2節で考察した量化表現のスコープの解釈と統語移動の関係を，もう一度確認しておこう．（A > Bは，AがBより広いスコープを持つことを示す．）

(34) a. 誰かが誰もを批判した．（∃ > ∀ / *∀ > ∃）
     b. 誰もが誰かを批判した．（∀ > ∃）

(34a)は，「誰か（少なくとも）1人の人がすべての人を批判した＝すべての人を批判した人が（少なくとも）1人いる」という解釈（∃ > ∀）は持てるが，「どの人をとっても，その人を批判した人が（少なくとも）1人いる」（∀ > ∃）という解釈はできない．そこで，2.4.2節では次のような原則を考えた．

(35) 量化表現 Q1 と Q2 があるとき，Q1 が Q2 を c 統御していれば，Q1 が Q2 に対して広いスコープを取る．

この原則によれば，(34b)は「どの人をとっても，その人が（少なくとも）1人の人を批判した」（∀ > ∃）という解釈を持つはずである．実際，(34b)にはこの解釈が可能である．(34b)は，みんなが同じ1人の人を批判した場合にも真になるから，∀ > ∃ に加えて「誰か（少なくとも）1人の人をみんなが批判した」（∃ > ∀）という解釈も許すように見えるかもしれない．しかし，∃ > ∀ が成り立っている場合，つまり，1人の人がすべての

人に批判されている場合には，∀>∃，つまり「どの人をとってもその人が誰かを批判した」という命題も真になるはずである．つまり，∃>∀の解釈は∀>∃の特殊な場合(すべての人がそれぞれ1人を批判したのだが，批判されたのがたまたま同じ人だったという場合)と，真理値のうえで区別ができない．したがって，(34b)では，∀>∃の解釈に加えて∃>∀の解釈を文法が許すと考える必要はない．(34a)の場合は，∀>∃の解釈が許されないので，∃>∀の解釈は∀>∃の特殊な場合として許されているのではなく，文法によって許される解釈だということがわかる．ここまでは，(35)の原則のみでスコープの可能性を説明することができる．

ところが，次の例を考えてみると，上の原則では不充分であることがわかる．

(36) a. 誰もを誰かが批判した．
b. 誰かを誰もが批判した．

(35)の原則によれば，(36a)は「どの人をとっても，(少なくとも)1人の人がその人を批判した」という∀>∃の解釈のみを，(36b)は「(少なくとも)1人の人を，すべての人が批判した」という∃>∀の解釈のみを許すはずである．(36a)は，誰か1人の人がすべての人を批判した場合にも真となるが，これは，上の(34b)の場合と同様，∀>∃の特殊な場合に当てはまると考えることもできる．ところが，(36b)の場合は，原則によって予測される∃>∀の解釈だけではなく，「どの人もそれぞれ(少なくとも)1人の人を批判した」の解釈が可能である．そこで，(34)の観察を正しく捉えることのできた原則(35)の知見を生かしつつ，(36)の観察も捉えたい．(36)では，「かきまぜ」操作によって目的語が主語を飛び越えて移動している．移動後の位置では，目的語が主語をc統御しているが，移動前の位置では，主語のほうが目的語をc統御していたはずである．(36b)の∃>∀の解釈は，移動後の位置関係に基づいて原則(35)から導くことができる．これに対して，移動前の位置関係に原則(35)を当てはめることができれば，∀>∃の解釈も導くことができる．

したがって，(35)の原則を(37)のように改訂すればよいことになる．

(37) スコープ原則： 量化表現 Q1 と Q2 があるとき，Q1 が Q2 かその痕跡を c 統御していれば，Q1 が Q2 に対して広いスコープを取る．

基本語順のままの(34)については，(37)は(35)と同じ予測をする．目的語が主語を飛び越えて移動している(36)では，移動前・移動後の位置関係に基づいて，2つのスコープ関係が許される．移動前の位置に基づく解釈は，(36a)では移動後の位置に基づく解釈の特殊な場合と論理的に区別ができないので，その存在が確認できない．しかし(36b)では，移動後の位置関係に基づく解釈とは論理的に区別可能な解釈が観察されている．

さて，次に(37)を手がかりに，「思える」文における主語の移動の可能性を検討してみよう．

(38) a. 誰もが誰かにとても素敵に思えた．(∃ > ∀ / ∀ > ∃)
　　　b. 誰かに誰もがとても素敵に思えた．(∃ > ∀ / *∀ > ∃)
(39) 誰かが誰もにとても素敵に思えた．(∃ > ∀ / ∀ > ∃)

(38a), (39)は，∃ > ∀ と ∀ > ∃ の両方の解釈を許す．ただし ∃ > ∀ の解釈，すなわち，(38a)を「ある1人の人がすべての人に対して好感を持った」とする解釈と，(39)を「ある1人の人に対してすべての人が好感を持った」とする解釈は，∀ > ∃ の解釈，すなわち「すべての人それぞれに対して(少なくとも)1人の人が好感を持った」「すべての人がそれぞれ(少なくとも)1人の人に好感を持った」とする解釈と，真理値の判断のうえで区別できない．(38a)は，先のスコープ原則(37)と表層の語順から ∀ > ∃ が予測され，これに加えて ∃ > ∀ の解釈が可能であるかどうかは論理的に証明不可能であるので，スコープの解釈に基づいて「が」名詞句の移動の有無を確かめることはできない．しかし(39)では，表層の語順とスコープ原則(37)からは ∃ > ∀ だけが予測されるのに対し，実際には ∀ > ∃ の解釈も可能である．(39)の「誰かが」が「誰も」よりも低い位置から移動したのだとすれば，移動前の位置(「誰かが」の痕

跡)に基づいてスコープ原則 (37) によって，∀ > ∃ の解釈が可能であることを導くことができる．だとすれば，(38a) も多義性の証明はできないものの，(39) と同じように「が」名詞句が移動したものと考えるべきであろう．

先にあげた繰り上げ分析を採用すれば，(38), (39) の文は次のような派生を持つことになる．

(40) a. [$_{IP}$ 誰もが$_i$ [$_{VP}$ 誰かに [$_{XP}$ t_i とても素敵に] 思え] た]. (= (38a))
b. [$_{IP}$ 誰かに$_j$ [$_{IP}$ 誰も$_i$ が [$_{VP}$ t_j [$_{XP}$ t_i とても素敵に] 思え] た]]. (= (38b))
c. [$_{IP}$ 誰かが$_i$ [$_{VP}$ 誰もに [$_{XP}$ t_i とても素敵に] 思え] た]. (= (39))

(40a, c) に関しては，スコープ原則 (37) と移動前・移動後の位置に基づいて，2 つの解釈を正しく導くことができる．ところが，この分析が正しいとし，主節の主語への移動が主格の付与に不可欠であり義務的であるとすると，(40b) の構造を持つはずの (38b) も，多義的でなければならない．この分析によれば，「誰かに」が「誰もが」を c 統御する (∃ > ∀) だけでなく，「誰もが」が「誰かに」の痕跡を c 統御する (∀ > ∃) からである．ところが，予測に反して (38b) は一義的で，スコープ原則と表層の語順から予測されるスコープ関係 ∃ > ∀ しか許さない．「誰もが」が義務的に移動すると考えるかぎり，「〜に〜が」の語順を導くには，「に」名詞句が「が」名詞句を越えて移動すると考えざるをえず，その結果，誤ったスコープ関係 ∀ > ∃ が導かれてしまう．したがって，「が」名詞句の移動は随意的であり，「〜に〜が」のかたちは語順を入れ替えるような移動なしに派生される，基本語順であると考えるべきである．(38), (39) に観察される「が」名詞句の移動は，格に動機づけられた義務的移動ではなく，随意的な移動，すなわち「かきまぜ」操作によるものであるということになる．

(24), (25) などの「思える」文が，主語繰り上げ移動によるものでは

ないとすると，これらの例の「メアリー」は，主節の主語の位置で主節の時制辞から格を付与されるのではなく，基底の位置で格を与えられていることになる．Takezawa (1993) や竹沢 (1998) では，(24), (25) の「メアリー」の格付与は次のように分析されている．(41) の状態述語文のように，目的語に対格を付与する能力が動詞にない場合は，時制辞が「例外的に」(=VPの境界を越えて) VP内の目的語に主格を付与することができる．すなわち，このようなVPの境界は格付与を妨げない，言い換えれば，この種のVPは格付与に関して「透明」であるため，目的語があたかもVPの上のIPの要素であるかのようにふるまうと考えるわけである (竹沢 1998)．

(41) ［メアリーに［$_{VP}$ 英語がわか］［$_I$ る］］（こと）
(42) ジョンが［$_{VP}$ [$_{XP}$ メアリーを（とても）美しく］思っ］［$_I$ た］（こと）
(43) ジョンに［$_{VP}$ [$_{XP}$ メアリーが（とても）美しく］思え］［$_I$ た］（こと）

(42) では，動詞「思(う)」から「メアリー」が対格を付与されている．（すでに見たように，この格付与は(非定形)節の境界を超えた「例外的格付与」である．）これに対して，(43) (=(25b)) の自発動詞「思え(る)」には，対格付与能力がない．(41) において，目的語がVPにとどまったまま時制辞Iから例外的に主格を付与されるのと同様，(43) の「メアリー」は，補文主語の位置にとどまったまま主文の時制辞から (VPとXPの境界を越えて) 例外的に主格を付与される．(43) の構造は次のようになり，Iからの「例外的格付与」が二重に起きている．

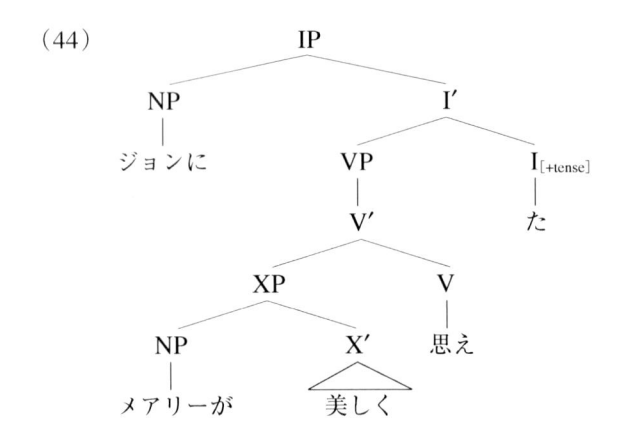

(44)
```
            IP
           /  \
         NP    I'
         |    /  \
       ジョンに VP   I[+tense]
             |    |
             V'   た
            /  \
          XP    V
         /  \   |
        NP   X' 思え
        |    △
      メアリーが 美しく
```

英語にはこのような可能性はなく，(45)において，主節の時制辞が Mary に格を付与することはない．

(45) *[IP It seems to John [IP Mary to be very nice]].

前節で見たように，英語では，主格が与えられるためには時制辞との一致が必要で，そのため移動が不可欠だが，日本語は「一致」が欠如しているので，一定の構造的条件さえ満たされていれば，その位置で主格が付与されうることになる (cf. Fukui and Nishigauchi 1992; Takezawa 1993)．

　以上をまとめると，次のようになる．(24), (25)の「が」格の名詞句は，主節の主語の位置には入っていないと考えるべき証拠があり，さらにその格付与も，(41)のような状態述語文と同じように分析できる．表面的に英語の繰り上げ文と似た交替現象のように見えても，(24)の「～が～に」の語順は「が」格の名詞句の「かきまぜ」操作によって生じたもので，格付与のためのA移動とは無関係である．少なくともこの種の文においては，格によって動機づけられた名詞句移動の存在を示す証拠は，ないことになる．

　上で，動詞に対格付与能力のない状態述語文では，VPの境界がIからの格付与を妨げず，VP内の目的語は例外的に上のIP内の要素のようにふるまうと述べた．ここで，「が」格の目的語が，格付与に関してのみな

らず,解釈上もVP内の要素ではなくIP内の要素と見なされる,と考えるべき現象があることにふれておこう(Tada 1992). 次の文の解釈を考えてみよう.

(46) a. 太郎は右目だけがつむれる (tumur-e-ru).
b. 太郎は右目だけをつむれる (tumur-e-ru).

ここで,可能形態素((rar)e)は動詞の対格付与能力を随意的に吸収すると考えてみよう. 目的語に「が」格が与えられている (46a) では,「だけ」が可能形態素((rar)e)よりも広いスコープを取る解釈,すなわち太郎がつむれるのは右目だけであるという解釈が得られるのに対して,目的語に対格(「を」格)が与えられている (46b) では,(上記の解釈に加えて)逆のスコープ関係,すなわち太郎は右目だけをつむることができる(右目だけのウィンクをすることができる)という解釈が可能である. このことは,「が」格の目的語の場合には,解釈に関しても IP 内の要素として見なされていることを示していることになる. 本書ではこの現象の分析についてはこれ以上立ち入らず,対格付与能力のない動詞からなる VP が,格付与のみならず解釈に関しても,ある種の「透明性」を持つということを指摘するだけにとどめておく.(実際に「が」格目的語が,なんらかのかたちでIの領域内に移動するという可能性については,本章では立ち入らない. 詳細は Tada (1992), Koizumi (1995), Ura (1996, 2000) などを参照されたい.)

　日本語では,動詞に対格付与能力がない場合には時制辞が目的語に主格を付与できると考えると,前節で考えた次のような構造においても,時制辞がそのままの位置でVP内の主語名詞句に主格を付与できる可能性が生ずる. 当該の動詞に対格を目的語に付与する能力があっても,主語に格を付与する能力はないので,主語名詞句の格付与に関するかぎりは VP は「透明」となり,IP 内の要素と見なされると考えてみよう. そうすると,少なくとも「一致」のない日本語の主語名詞句はVPの指定部にとどまることもでき,IP の指定部に移動する必要はない可能性がある.(ただし,主格の主語名詞句は随意的に(「かきまぜ」操作によって) IP の指定部に

移動すると考えることはできる（cf. Kuroda 1988）.)

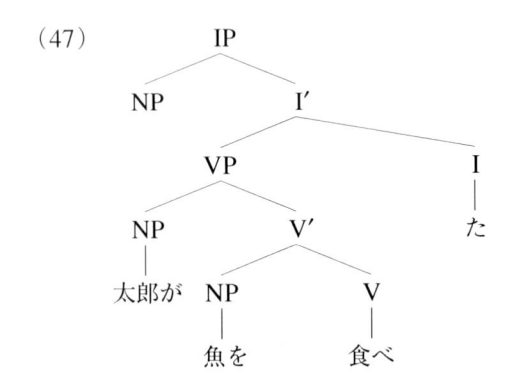

(47)
```
           IP
         /    \
       NP      I'
              /  \
             VP   I
            /  \   |
          NP    V' た
           |   /  \
         太郎が NP   V
               |    |
              魚を  食べ
```

以下, 本章では, 日本語の主語名詞句は VP の指定部にとどまったままで主格を担いうると考えることにする.

なお, 日本語における対格付与や対格の「例外的格付与」(あるいは目的語の繰り上げ)の問題については, 本書では扱う余裕がないが, ここでは日本語の対格付与には機能範疇は関与せず, 対格は(非状態性を持つ)動詞によって直接付与されるものと考えておく.（日本語における対格付与(あるいは照合)についての詳細な論考としては, 竹沢 (1998) や Koizumi (1995) などを参照されたい.）

以上, 本節では日本語の繰り上げ文とおぼしき文には, 英語の繰り上げ文に見られるような名詞句移動が関与していないことを見た. さらに, 前節で見たように, 英語と同様, 主格付与に時制辞が関与はしているものの, 主語・動詞の一致を要求する機能範疇を持たない日本語では, 主格主語が IP の指定部に移動する必要はないことになる.（ただし, 不定名詞句に関して, 主語の構造上の位置と解釈の違い(基数的解釈 vs. 前提的解釈)との間に一定の関連があるとする議論もある:⇒ 2.7. また Kishimoto (2001) も参照.）

3.4 受　動　文

次に, 受動文を考えてみよう. 3.1 節で見たように, 英語の受動文では,

目的語位置から主語位置へ名詞句移動が行われるとされてきた．日本語ではどうだろうか．日本語にも受動文は存在する．しかし，日本語の受動文は一枚岩ではなく，いくつかの異なるタイプからなる．詳細な議論に入る前に，日本語の受動文をまず大きく2つに分類しておこう．すなわち，英語のby句に相当する表現として，「に」句を取る「に」受動文と，「によって」句を取る「によって」受動文である．

(48) a. 太郎は救助隊に助けられた．
　　　b. 太郎は救助隊によって助けられた．

この2つの構文は，単に「に」と「によって」という表現の違いにとどまらず，いくつかの興味深い相違があり，本章のテーマである「名詞句移動」という観点からも両者を区別することが重要である．まず，「に」受動文から検討しよう．

3.4.1 直接受動文と間接受動文

　日本語の「に」受動文は，従来，記述上，直接受動文と間接受動文の2種類に区別・分類されてきた．(49b)に例示される直接受動文では，英語の受動文と同様，主語が，対応する能動文における目的語と同じ意味役割を担っている．

(49) a. 太郎が花子を殴った．
　　　b. 花子が太郎に殴られた．

ところが，日本語には，主語が能動文の目的語に対応しない受動文が存在する．

(50) a. 隣の学生が夜遅くまでピアノを弾いた．
　　　b. 花子が隣の学生に夜遅くまでピアノを弾かれた．
(51) a. 子供が死んだ．
　　　b. 田中さんが子供に死なれた．
(52) a. 雨が降った．
　　　b. 次郎が雨に降られた．

たとえば，(50b)においては，「ピアノ」は「を」格を担ったままで，主語の「花子」は「弾く」という動詞の項ではなく，対応する能動文である(50a)に対して，新たに加えられた名詞句である．(51b)では，自動詞「死ぬ」が受動文に用いられている．このような受動文は，「間接受動文」と呼ばれる．英語の受動文では，次例のように目的語をとらない自動詞が受動態になることはない．

(53) a. A child died.
b. *John was died by a child.
(54) a. It rained.
b. *Bill was rained by it.

(50)–(52)の各 b. のような間接受動文が名詞句移動を伴わないことは明らかであり，以下に示すような複文構造をしていると考えられる．(r)are は，音韻的には本動詞と1語をなすものの，英語の -en のような屈折語尾とは異なり，形態論的にはそれ自身，動詞としてふるまう（動詞に後続できる形態素は基本的に (r)are にも後続できる）．したがって，(r)are は文を補部にとり，新たに名詞句を項として加える動詞と考えることができる．

(55) 花子が [隣の学生に夜遅くまでピアノを hik]-are-ta.

この2種類の「に」受動文に関して，2つの異なる立場がある．1つは，直接受動文も，間接受動文と同様に補文構造を持つと考え，直接受動文と間接受動文は本質的に同じ構文とみなす分析で，「統一分析」(uniform analysis) と呼ばれる．この立場に属する分析の主なものに，Howard and Niyekawa-Howard (1976), Kuroda (1965, 1979) や Kitagawa and Kuroda (1992) がある．この立場では，日本語の「に」受動文では名詞句移動はいっさい関与していないことになる．

他方，両者はまったく異なる構造を持つと考える立場もある．間接受動文は補文構造を持つのに対して，直接受動文は英語の受動文と同様，名詞句移動が関与する単文構造であるとする分析で，「非統一分析」(non-uniform analysis) と呼ばれる．非統一分析では，間接受動文の (r)are が補文をとる動詞であるのに対して，直接受動文の (r)are は，動詞に付いてその外項の θ 役割と目的語に与える格を吸収する，一種の接辞として扱われることになる．(49b) の直接受動文は，以下のように，補文構造を持たず，目的語の名詞句が格を求めて主語の位置に移動して主格を与えられると分析される．このような立場をとる分析に，Kuno (1973) などがある．(McCawley (1972) も参照.)

(56) [[$_{VP}$ 花子が [$_{v'}$ t nagur-are]]-ta].

非統一分析では，直接受動文の (r)are と間接受動文の (r)are は，まったく違う働きをすることになり，なぜ両者が同じ音形をしているのかは捉えられない．また，(r)are は動詞としての活用をする点から，明らかに動詞性を持っているが，非統一分析では，直接受動文の (r)are は一種の屈折接辞として扱われることになる．これでは，英語の分析をそのまま当てはめただけという印象がぬぐえない．

　日本語の「に」直接受動文の主語が，目的語の位置から A 移動していることを示す証拠はあるだろうか．もしあるとすれば，「が」名詞句が新たに加えられている間接受動文との間で，統一分析をとることは難しくなり，非統一分析には，単に英語の受動文の分析を当てはめるという以上の，実質的な根拠があることになる．そこで，直接受動文の主語が目的語の位置から移動したものであることを示すとされる議論を，吟味していこう．日本語における数量詞遊離 (Quantifier Floating, QF) という現象については，2.3.2 節ですでに述べた．この現象で遊離している数量詞を，遊離数量詞 (QP) と呼ぶことにする．

　まず遊離数量詞の分布を手がかりに，直接受動文・非対格文 (後述) に名詞句移動が起きているとする，Miyagawa (1989) の議論を紹介しよう．次のような文を考えてみよう．

(57) [[$_{VP}$ 絵が [$_{v'}$ 泥棒に 3 枚盗まれ]] た].
(58) [[$_{VP}$ 車が [$_{v'}$ その男に 3 台壊され]] た].

2.3.2 節で，遊離数量詞（QP）とその先行詞には，以下のような構造的条件があることを見た．

(59) QP とそれが関連づけられる NP は，たがいに他を c 統御していなければならない．

2.4.1 節で考察した以下のような対比は，この条件によって次のように説明された．

(60) a. [[$_{VP}$ [$_{NP}$ 学生が] [$_{QP}$ 3 人] [$_{V'}$ [$_{NP}$ 酒を] 飲ん]] だ].
b. [[$_{VP}$ [$_{NP}$ 学生が] [$_{V'}$ [$_{NP}$ 本を] [$_{QP}$ 3 冊] 買っ]] た].
(61) a. *[[$_{VP}$ [$_{NP}$ 学生が] [$_{V'}$ [$_{NP}$ 酒を] [$_{QP}$ 3 人] 飲ん]] だ].
b. [[$_{VP}$ [$_{NP}$ 本を] [$_{NP}$ 学生が] [$_{V'}$ t [$_{QP}$ 3 冊] 買っ]] た].

(60a, b) の例では，「学生」と「3 人」，「本」と「3 冊」は，それぞれ，相互 c 統御の関係にある．それに対して，(61a) においては，「学生が」と「3 人」はたがいに c 統御する関係にない．なぜなら，間に V′ が介在するため，「3 人」が「学生が」を c 統御しないからである．他方，(61b) が許されるのは，「かきまぜ」操作による移動が起こる前の構造において，「本を」と「3 冊」がたがいに c 統御する関係にあるからで，(59) を次のように理解すれば (61a) との対比が説明できる．（以下，この条件を「相互 c 統御条件」と呼ぶ．）

(62) QP とそれが関連づけられる NP（あるいはその NP の痕跡）は，たがいに他を c 統御していなければならない．

受動文の場合に戻ろう．もし，(57) が (63) の構造を持ち，主語の「絵が」がその位置に基底生成されているとすると，上の (61a) 同様，「絵が」と「3 枚」は相互 c 統御の関係にない．

(63) [[$_{VP}$ [$_{NP}$ 絵が] [$_{V'}$ 泥棒に [$_{QP}$ 3 枚] 盗まれ]] た].

したがって，(63) の分析は，「3 枚」を直接「絵が」と結びつけて解釈することは不可能と予測する．もし，(64) のように「絵が」が D 構造では目的語の位置にあり，名詞句移動によって主語の位置に移動するとすれ

ば，「絵が」の痕跡は V′ 内にあるため，遊離数量詞と相互 c 統御の関係が成り立ち，(57)において「3 枚」と「絵が」を結びつける解釈が可能であることが正しく予測される．

(64)　[[$_{VP}$ [$_{NP}$ 絵が] [$_{V'}$ 泥棒に t [$_{QP}$ 3 枚] 盗まれ]] た].

したがって，直接受動文が主語への名詞句移動を含むとする分析は，少なくとも，直接受動文が基底から主語を持ち目的語を持たないとする分析よりは優れている．

同様の分析は，受動文のみならず，次のような文にも適用可能である．これらの文は，一見すると，(61a)と同一の配列を有しているように見える．

(65)　a.　[[$_{VP}$ 学生が [$_{V'}$ オフィスに 2 人来]] た].
　　　b.　[[$_{VP}$ 男が [$_{V'}$ バーに 2 人入っ]] た].
　　　c.　[[$_{VP}$ 女が [$_{V'}$ 舞台に 1 人上がっ]] た].
　　　d.　[[$_{VP}$ 客が [$_{V'}$ 旅館に 2 人着い]] た].
　　　e.　[[$_{VP}$ ドアが [$_{V'}$ この鍵で 2 つ開い]] た].
　　　　　　　　　　　　　　　　　　　　　　(Miyagawa 1989, 43)

しかし，Miyagawa (1989) で詳細に論じられているように，これらの例文で用いられている動詞は「非対格動詞」(unaccusative verb)と呼ばれ，(直接受動文と同様)主語の名詞句は目的語の位置から移動していると分析される．したがって，(65)は以下のような構造を持っていることになり，(64)と同様，V′ 内の遊離数量詞は主語名詞句の痕跡と相互 c 統御の関係にあり，その文法性が正しく予測される．

(66)　a.　[[$_{VP}$ 学生$_i$ が [$_{V'}$ オフィスに t_i 2 人来]] た].
　　　b.　[[$_{VP}$ 男$_i$ が [$_{V'}$ バーに t_i 2 人入っ]] た].
　　　c.　[[$_{VP}$ 女$_i$ が [$_{V'}$ 舞台に t_i 1 人上がっ]] た].
　　　d.　[[$_{VP}$ 客$_i$ が [$_{V'}$ 旅館に t_i 2 人着い]] た].
　　　e.　[[$_{VP}$ ドア$_i$ が [$_{V'}$ この鍵で t_i 2 つ開い]] た].

これに対して,「笑う」「走る」などは「非能格動詞」(unergative verb) と呼ばれ,以下のように,主語の名詞句は主語の位置に基底生成され,V′内にその痕跡はない.このため,V′内の遊離数量詞は,主語の名詞句を修飾することができない.

(67) ?*[[_{VP} 学生が [_{V′} 自分の金で 2 人電話し]] た].
(68) *[[_{VP} 学生が [_{V′} ゲラゲラと 2 人笑っ]] た].

(Miyagawa 1989, 44)

したがって,これらの例は (61a) と同じ理由で排除されることになる.

以上,直接受動文や非対格文における遊離数量詞に関する事実が,名詞句移動を仮定することによってうまく予測できることを見たが,それではこのことから,直接受動文・非対格文では主語が目的語の位置から名詞句移動により動いており,したがって日本語の受動文には統一分析を退けて非統一分析を採用すべきであると結論してよいかというと,そうではない.少なくとも 2 つの点を押さえておく必要がある.

1 つは,以下に述べるように,日本語の遊離数量詞には 2 種類あると考えるべき理由があり,したがって,その点に留意してデータを吟味したうえで,本当に名詞句の分布の証拠になるもののみを採用していかなければならないという点である.この観点から再吟味すると,非対格文における名詞句移動の根拠はたいへん弱いことになる.留意すべき第二の点は,遊離数量詞の分布が,遊離数量詞と相互 c 統御の関係にあるなんらかの空範疇が存在する可能性を示唆はするものの,それが NP 痕跡(名詞句移動の痕跡)であることを保証するものではないという点である.たとえば,3.4.3 節で見るように,直接受動文においても移動は関与しておらず,直接受動文と間接受動文はともに補文構造を持っており,直接受動文はその補文の目的語の位置に,(主節の)主語にコントロールされる空の代名詞が現れている場合にすぎないとする統一分析も可能である(Kuroda 1965; Kuroda 1979; Kitagawa and Kuroda 1992).そのような分析でも,上記の遊離数量詞の事実は説明可能である.

(69) [[_{VP} 絵が [_{V′} [_{VP} 泥棒に [_{NP} pro] [_{QP} 3 枚] nusum]-are]]-ta].

(69) では，pro と「3 枚」が相互 c 統御の関係にあり，その pro は「絵」と同一指示を持つので，「3 枚」が「絵」を意味的に修飾できることは，この構造でも問題なく予測できる．したがって，遊離数量詞の事実は，直接受動文にのみ単文構造と移動を想定する非統一分析を強く支持するものではない．

3.4.2　相互 c 統御条件再考

　第一の点に戻って，日本語の遊離数量詞についてもう少し考えてみよう．Sportiche (1988) の英語・フランス語の分析以来，遊離数量詞は先行詞の名詞句から「遊離」するのではなく，先行詞の名詞句が A 移動するさいに，もとの位置に「置き去り」にされた例として分析され，遊離数量詞が現れうる場所が A 移動の通り道を示す（すなわち A 移動の痕跡の位置を示す）ものとして用いられてきた．たとえば，(70) と (71) を考えてみよう．

(70)　All the children will see this movie.
(71)　The children will all see this movie.

これらの文は，共通の D 構造から派生される．(72a) のような D 構造から主語全体が IP の指定部の位置に移動すると，(72b) の構造が得られ，all をもとの位置に置き去りにしたまま残りの部分を移動すると，(72c) のような構造が得られる．この (72b), (72c) は，それぞれ，(70), (71) の構造にほかならない．

(72)　a.　[$_{IP}$ [$_{I'}$ will [$_{VP}$ [all the children] [$_{V'}$ see this movie]]]]
　　　b.　[$_{IP}$ [all the children]$_i$ [$_{I'}$ will [$_{VP}$ t_i [$_{V'}$ see this movie]]]]
　　　c.　[$_{IP}$ [the children]$_i$ [$_{I'}$ will [$_{VP}$ [all t_i] [$_{V'}$ see this movie]]]]

　日本語でも，遊離数量詞は名詞句移動の存在を示す証拠として用いられてきた (Miyagawa 1989; Yoshida 1992; Kawashima 1998; etc.)．(73) で，もし D 構造において「本を」が「3 冊」と構成素をなしていると仮定すれば，この例は目的語が「かきまぜ」操作によって文頭に移動したさ

いに，それを修飾する遊離数量詞がもとの位置に置き去りにされたものと分析できる．

(73) 本を 学生が ＿ 3冊 読んだ
　　　　↑＿＿＿＿＿＿｜

あるいは，3.4.1節でふれた「相互 c 統御条件」に基づいて，「3冊」が「本を」と相互 c 統御関係にある位置に基底生成されていると仮定した場合でも，結果は同じである．それに対して，以下の文が許されないのは，(主語は D 構造ですでに目的語よりも高い位置にあるため)「学生が」が「本を」と「読んだ」の間に「3人」を置き去りにして文頭に移動する派生が考えられないからである(黒田 1980)．

(74) *学生が [v· 本を 3 人読んだ]．

ところが，配列上 (74) と同一でありながら容認可能な例が数多く存在することが，高見 (1998) や Gunji and Hasida (1998) によって指摘されている．これらの事実は，そのままでは相互 c 統御条件の妥当性に疑問を投げかけるものとなり，それに基づく受動文や非対格文の移動分析は，それだけ根拠を失うことになる．実際，高見 (1998) は遊離数量詞の背後にある条件について，機能論的な観点から分析を試みており，Gunji and Hasida (1998) も詳細な意味的分析を展開している．そこで，以下，これらの研究の指摘する事実を吟味し，遊離数量詞の相互 c 統御条件の妥当性を再検討したい．(上でふれたように，D 構造において遊離数量詞と名詞句が構成素をなしているとする分析と，両者が構成素はなさず，たがいに c 統御する位置に基底生成されるとする分析が可能だが，以下の議論はいずれの場合にも当てはめることができる．ここでは便宜上，相互 c 統御条件を用いて論を進める.) 高見や Gunji and Hasida があげている例は，次のようなものである．

(75) a. A: この新刊雑誌売れてますか？
　　　　 B: ええ，今朝も学生さんがそれを5人買って行きましたよ．
　　　b. 僕はアパート住まいだけど，最近同僚が家を 4,5 人次々と建てました．

c. 灘高の生徒は，毎年東大を 80 人以上受験する．
　　　　　　　　　　　　　　　　　　　　（高見 1998, 1 号，91）
(76)　a. ?学生が酒を今までに 3 人飲んだ．
　　　b. ?学生が酒を男子では 3 人飲んだ．
　　　c. ?学生が酒をこの店では 3 人飲んだ．
　　　　　　　　　　　　　　　　　　　（Gunji and Hasida 1998, 57）

高見や Gunji and Hasida が指摘するように，(75), (76) は，先の (74) に比べて容認可能性が高い．しかし，これらの例には 1 つの重要な共通点があるように思われる．それは，これらの文では，記述された(一連の)事象が関わった，ホスト NP が指す個体の総数 (sum) のみが問題になっており，文が表している出来事が単一のもの(これを「単一事象」と呼ぶ)であるとする読みは，ないということである．たとえば，(75a) においては，5 人の学生が共同で問題の新刊雑誌を買っていくという，1 つの出来事が起こったという読みはなく，その雑誌を買った学生の総数が 5 人であったということだけが問題になっている．5 人の学生が別々にやって来て，それぞれその雑誌を買って行ったのかもしれず，その場合には，学生がその雑誌を買うという出来事が複数回起こったということになる．(75b) では「次々と」という表現で，「複数事象」であることが明示的に示されている．(75c) では，入学試験自体はいっせいに実施されるかもしれないが，受験というのは本来 1 人 1 人の出来事であるから，これも複数事象と考えられる．

　遊離数量詞を含む文が単　事象を表すかどうかという区別は，遊離数量詞の分布を考えるさいに，従来それほど注意を払われなかったと言ってよい．唯一の例外が Kitagawa and Kuroda (1992) であり，彼らは遊離数量詞が複数事象を表す場合と単一事象を表す場合の例として，それぞれ，次のような例文をあげている．(77a) では，「1 週間の間に」という表現が示すように，遊離数量詞は逃げ出した囚人の総数だけを問題にしており，囚人の脱走は複数回にわたって起こっていてもよい．他方，(77b) のほうは，「突然」という表現が示すように，3 人の囚人が一団となって暴れ出すという出来事が起こった，という解釈が普通である．

(77) a. この1週間の間に囚人が3人逃げ出した．（複数事象）
　　　 b. その時突然囚人が3人暴れ出した．（単一事象）
(Kitagawa and Kuroda 1992)

先にあげた相互 c 統御条件の違反例は，いずれも複数事象の解釈を持つことから，相互 c 統御条件の違反は，ホスト NP が示す個体の総数が問題になっている場合にのみ許されると考えてみよう．すると，単一事象の解釈を強要した場合には，相互 c 統御条件の違反は許されなくなることが予測されるが，実際，次のような例は容認可能性がいちじるしく劣る．

(78) A: この雑誌人気ありますか？
　　　 B:*ええ，さっきもそこで学生さんが最新号を5人奪い合っていましたよ．

「奪い合う」という行為は1人ではできないので，この文は5人の学生がいっしょに奪い合いに参加しているという，単一事象の解釈しかない．もちろん次例のように，相互 c 統御条件を満たしている場合にはまったく問題ない．

(79) A: この雑誌人気ありますか？
　　　 B: ええ，さっきもそこで学生さんが5人最新号を奪い合っていましたよ．

問題となるのは，複数の参加者が共同で1つの出来事に参与しているかどうかということである．この点は次の例からも確かめられる．

(80) *学生がピアノを5人持ち上げた．

この文は，5人の学生が一団となって1台のピアノを持ち上げたという解釈は，不可能である．この文が可能であるとすれば，ピアノを（おそらくは1人で）持ち上げた，力持ちの学生の総数を話題にしている場合のみであろう．(80)を次のように変えて複数事象の文脈を加えれば，より自然な文になる．

(81) これまでに学生がこのピアノを5人持ち上げています．

以上,相互 c 統御条件に違反する例を見てきたが,次の例のようにこの条件が満たされる場合には,数量詞が離れていても単一事象の解釈が可能である.

(82) 新しい薬品を$_i$ 太郎が t_i 5 種類混ぜ合わせた.

ここでは,「新しい薬品を」の痕跡が目的語の位置に残っているので,相互 c 統御条件が満たされており,5 種類の薬品が「混ぜ合わせる」という単一の事象に関わるという解釈が可能である.

このような観点から,日本語の遊離数量詞には,それが修飾する名詞句と構成素をなす場合(NP 数量詞)と,述語を修飾する副詞的な働きをする場合(VP 数量詞)の 2 通りが混在しており,前者には意味的な制限がないのに対して,後者は複数事象の読みを許すような総数のみを問題とする解釈に限られると考えられる (Ishii 1999).したがって,複数事象の読みを持つ場合には,NP 数量詞と VP 数量詞の両方が可能となるが,単一事象の読みを持つ場合には NP 数量詞しか許されないことになる.高見(1998)や Gunji and Hasida (1998) の観察は,そのままではたしかに相互 c 統御条件の反例になるが,遊離数量詞が NP 数量詞でしかありえない場合(すなわち遊離数量詞が単一事象におけるホスト NP の数量を表す場合)に限定してその分布を考察すれば,相互 c 統御条件は維持することが可能である.したがって,遊離数量詞の分布を手がかりに名詞句移動の可能性を探ることの妥当性も残るが,ただしそのためには,ここで指摘した解釈上の区別に注意を払わねばならない.

そのように考えると,先に見た非対格動詞の例は,必ずしも名詞句移動の存在を示すことにはならない.以下に例文を繰り返す (= (65)).

(83) a. [[$_{VP}$ 学生$_i$ が [$_{V'}$ オフィスに (t_i) 2 人来]] た].
    b. [[$_{VP}$ 男$_i$ が [$_{V'}$ バーに (t_i) 2 人入っ]] た].
    c. [[$_{VP}$ 女$_i$ が [$_{V'}$ 舞台に (t_i) 1 人上がっ]] た].
    d. [[$_{VP}$ 客$_i$ が [$_{V'}$ 旅館に (t_i) 2 人着い] た].
    e. [[$_{VP}$ ドア$_i$ が [$_{V'}$ この鍵で (t_i) 2 つ開い]] た].

非対格文では,その意味的特徴から,遊離数量詞は主語の名詞句の「総

数」のみを問題にする解釈がもっとも自然なものと言える．非対格動詞は，主語の名詞句の指す対象の上に起こる，位置変化・状態変化などを表すものであり，したがって非対格文の表す事象は，個々の対象ごとの事象の総和だからである．実際 (83) は，総和の解釈しかない．したがって，これらの例における遊離数量詞は VP 数量詞の可能性があり，非対格動詞文に名詞句移動が関与している（あるいは NP 痕跡が存在する）という証拠にはならないことになる．（三原 (2000) は「結果」という概念を用いて類似の結論を導いている．）非能格動詞を用いた例でも，ホスト NP の総数のみを問題にするような文脈に置けば，以下の例のように容認可能性が上がる．

(84) これまでに学生がこの公衆電話から 5 人電話している．

したがって，遊離数量詞の分布は，非対格文における名詞句移動の存在を示す証拠にはならないことになる．

　受動文の話に戻ろう．次のような例では，盗まれた車の総数のみが問題となっているとすると，遊離数量詞は VP 数量詞の可能性があり，NP 痕跡はおろか，pro の存在を示す議論にすらならない．

(85) これまでに車が泥棒に 5 台盗まれた．

しかし，少なくとも直接受動文において，(86b) のような限られた状況では（NP 痕跡とは限らなくても）なんらかの空範疇が存在することは示せるように思われる．

(86) a. 子供が 5 人 [先生に無理やり合唱させ] られた．
　　　b. 子供が [先生に 5 人無理やり合唱させ] られた．

「合唱させる」という行為は，目的語が子供 1 人ではできないため，(86) では 5 人の子供が一団となって合唱させられていると解釈するのが一番自然な解釈であり，その解釈では，NP 数量詞が用いられていると考えられる．したがって，主語名詞句と数量詞の間に「に」句が介在している (86b) では，遊離数量詞と結びつけて解釈されるべきなんらかの空範疇が，「5 人」と相互 c 統御の関係を持てる位置に存在していなければならない

ことになる．

3.4.3　「に」受動文と「によって」受動文

前節では，遊離数量詞の相互 c 統御条件は限定つきで維持できることを見た．これをふまえたうえでも，遊離数量詞を用いたテストは，受動文の目的語の位置に空の名詞句が存在するという証拠にはなっても，それが名詞句移動の痕跡であり，日本語の受動文で目的語の位置から（主節）主語の位置への名詞句移動が起こっているという証拠には，必ずしもならない．これは 3.4.1 節で述べたとおりである．実際，日本語の受動文では，目的語から主語への名詞句移動は関与していないと考えられる．その根拠は，日本語の受動文の主語位置が，英語の受動文の主語位置と異なり，θ 位置であるということにある．θ 位置への名詞句移動は，θ 基準に違反するからである．日本語の「に」受動文の主語位置が（間接受動文に限らず直接受動文でも）ある種の θ 役割を付与される位置であることは，「によって」受動文との対比から明らかになる（井上 1976; Kuroda 1979）．

動作主（Agent）の名詞句は，「に」受動文では「に」を，「によって」受動文では「によって」を伴って現れる．(87) のような場合にはいずれも可能で，両者の間にほとんど違いは感じられない．

(87)　a.　太郎が同僚に批判された．
　　　b.　太郎が同僚によって批判された．

しかし，動詞や名詞句の内容を変えてみると，両者の違いが見えてくる．

まず，間接受動文では，動作主は必ず「に」で示され，「によって」が用いられることはない．

(88)　a.　太郎が雨に降られた．
　　　b.　*太郎が雨によって降られた．
(89)　a.　花子が親にその手紙を読まれた．
　　　b.　*花子が親によってその手紙を読まれた．

また，受動文の主語が無生物の場合には，その動作主を「に」で示すと容認可能性が落ちる場合が多い（井上 1976; Kuroda 1979）．

(90) a. 開会が議長によって宣言された．　　　（井上 1976, 83）
　　　b. *開会が議長に宣言された．
(91) a. 白いボールが王によって高々と打ち上げられた．
　　　b. *白いボールが王に高々と打ち上げれらた．
　　　　　　　　　　　　　　　　　　　　（Kuroda 1979, 309）
(92) a. フェルマーの定理がジョンによって証明された．
　　　b. *フェルマーの定理がジョンに証明された．
　　　　　　　　　　　　　　　　　　　　（ibid., 330–331）

「に」受動文の主語は，(r)are から「補文の表す出来事によって影響を受ける」という意味役割を与えられると考えられる（Kuroda 1979）．この意味役割のことを経験者（Experiencer）と呼ぶとすると，(r)are は出来事（Event）を内項にとり，経験者を外項にとる 2 項述語ということになる．(90)–(92) の a. 例の主語は，経験者という意味役割を担うことが不自然なため，容認可能性が落ちると考えられる．

　次の例も，「に」受動文と「によって」受動文の主語の意味的な違いを示している．

(93) a. 大統領が愚かにも CIA に殺されてしまった．
　　　b. ??大統領が愚かにも CIA によって殺されてしまった．
　　　　　　　　　　　　　　　　　　　　（ibid., 325–326）

ここで，「愚かにも」は「主語指向の副詞」（subject-oriented adverb）として用いられているが，主語指向の副詞は，主語が θ 位置であることを要求する．「に」受動文と「によって」受動文の間の容認可能性の差は，前者の主語が θ 位置であるのに対して，後者の主語は非 θ 位置であることを示している．

　「に」と「によって」のどちらも可能な受動文も多い．しかし，よく観察してみると，それらの間にも微妙ではあるが，一定の意味的な違いがある．以下，Kuroda (1979) の観察の一部を見ていこう．たとえば，(94)はジョン自身に近い視点から，助けられてよかったという気持ちをこめて述べているのに対して，(95) はより客観的な事実として報じられていて，

「に」と「によって」の違いが，行為の主語に対する影響の違いを反映していると言う．

(94) ジョンはもう少しで気を失うところをビルに助けられた．
(95) ジョンはもう少しで気を失うところをビルによって助けられた．
(Kuroda 1979, 319)

さらに，この違いは，主語を「私」という一人称代名詞にするとはっきりする．

(96) 私はもう少しで気を失うところをビルに助けられた．
(97) 私はもう少しで気を失うところをビルによって助けられた．
(*ibid.*, 320)

Kurodaは，(96)は出来事を自分の直接体験として述べているのに対して，(97)は過去の出来事を振り返って，中立的・客観的な視点で状況を記述するさいにもっとも適切に用いられる，と述べている．

「に」受動文と「によって」受動文の意味的差異をさらに示すものとして，「た」を用いた議論を見よう．日本語の過去形形態素である「た」には，単純過去と完了の2通りの解釈が可能である．「単純過去」の解釈とは，単に過去に起こった出来事を提示する場合であり，「完了」の解釈とは，過去に起こった出来事の結果生じた，ある事態を記述する場合である．この区別に基づき，Kurodaは，「によって」受動文の場合にはこの2つの解釈のどちらも可能であるのに対して，「に」受動文は「完了」の解釈のみ可能であると言う．

(98) あの町は日本軍に破壊された．
(99) あの町は日本軍によって破壊された． (*ibid.*, 328)

(98)の文は，日本軍の破壊活動によって生じた事態を記述している解釈しかないのに対して，(99)はそのような解釈に加えて，日本軍の破壊活動を過去に起こった歴史的出来事として記述している場合にも使える．

井上 (1976) とKuroda (1979) の洞察に基づいて，「に」受動文の意味的特徴を「によって」受動文と比較しながら見てきたが，以上の観察は，

「に」受動文の主語が経験者のような θ 役割を担うと考えると，納得のいくものとなる．θ 基準が正しいとすれば，直接受動文であっても，「に」受動文の主語は目的語の位置から移動したものではないことになる．英語の受動文には見られない特徴である．

「に」受動文における主語が目的語の位置から移動したものではないと考える，さらなる根拠として，3.2 節で「思える」文を検討したさいにも用いた，量化表現のスコープ関係に基づく議論がある（Kitagawa and Kuroda 1992）．次の例を考えてみよう．

(100) a. 誰かが誰もに誉められた．（∃ > ∀ / ?*∀ > ∃）
b. 誰かが誰もに身内を誉められた．（∃ > ∀ / ?*∀ > ∃）
c. 太郎か花子がどの人にも招待された(らしい)．（OR > ∀ / ?*∀ > OR）
d. 太郎か花子がどの人にも両親を招待された(らしい)．（OR > ∀ / ?*∀ > OR） （Kitagawa and Kuroda 1992）

(100a) は直接受動文の例である．この文では，「誰か」（∃）が「誰も」（∀）より広いスコープを持つ解釈（すべての人に誉められた人が(少なくとも) 1 人いる）は可能であるが，「誰も」（∀）が「誰か」（∃）より広いスコープを持つ解釈（どの人をとってもその人に誉められた人が(少なくとも) 1 人いる）は許されない．このスコープ関係は，間接受動文の例である (100b) の「誰も」と「誰か」の間に観察されるものと，まったく同じである．

(100c, d) の「A か B」という表現も，スコープを持つ表現と考えられる．（このスコープを OR と表記することにする．）(100c) では「太郎がどの人にも招待されたか，あるいは花子がどの人にも招待されたかの，いずれかが成り立つ」という解釈が可能である．この解釈は「か」（OR）が「どの人にも」（∀）より広いスコープを持つ場合である．（このスコープ関係を OR > ∀ と表記しよう．）それでは「どの人にも」（∀）が「か」（OR）より広いスコープを持つ場合はどういう解釈かというと，「どの人をとっても，その人によって太郎か花子が招待されている」という解釈で

ある．(このスコープ関係を ∀ > OR と表記する．) 論理的には可能なこの解釈が，(100c)では許されない．ここでもこのスコープ関係は，対応する間接受動文の例である(100d)において，「太郎か花子」(OR)と「どの人にも」(∀)の間に観察されるものと同様である．

もし，直接受動文において「が」名詞句が「に」名詞句より低い位置から移動しているなら，移動前の位置と「に」名詞句の位置の関係から，「に」名詞句が上位のスコープを取ることが可能なはずである．ここでも，先に見た「思える」文の場合と同様，以下のように，「かきまぜ」操作によって語順を変更した場合には，スコープの多義性が生じる．

(101)　a.　誰かに誰もが誉められた．(∃ > ∀ / ∀ > ∃)
　　　　b.　誰かに誰もが身内を誉められた．(∃ > ∀ / ∀ > ∃)
　　　　c.　太郎か花子にどの人も招待された(らしい)．(OR > ∀ / ∀ > OR)
　　　　d.　太郎か花子にどの人も両親を招待された(らしい)．(OR > ∀ / ∀ > OR)　　　(Kitagawa and Kuroda 1992)

したがって，「に」受動文の主語の位置にある「が」名詞句は，もともと「に」名詞句より高い位置に基底生成されるものと考えてよい．

以上のように，「に」受動文は，直接受動文も間接受動文もともに補文構造を持ち，したがって直接受動文には(英語の受動文と異なり)，主語位置への名詞句移動は関与していないと考えられる．それでは，目的語位置にある空範疇は何であろうか．1つの可能性として，空の代名詞(pro)であると考えることもできる(Kuroda 1965, 1979; Kitagawa and Kuroda 1992)．この空範疇の性質は 3.4.5 節であらためて検討するので，ここでは棚上げにして e と表記しておく．そのような分析では，(102a, b)の構造は，それぞれ，(103a, b)に示すようなものとなる．(これ以降，本章の樹形図では，時制辞の部分は省略してある．また，主語は VP の指定部にとどまっているものとしておく．)

(102)　a.　絵が泥棒に盗まれた．
　　　　b.　花子が隣の学生に(夜遅くまで)ピアノを弾かれた．

(103) a., b.

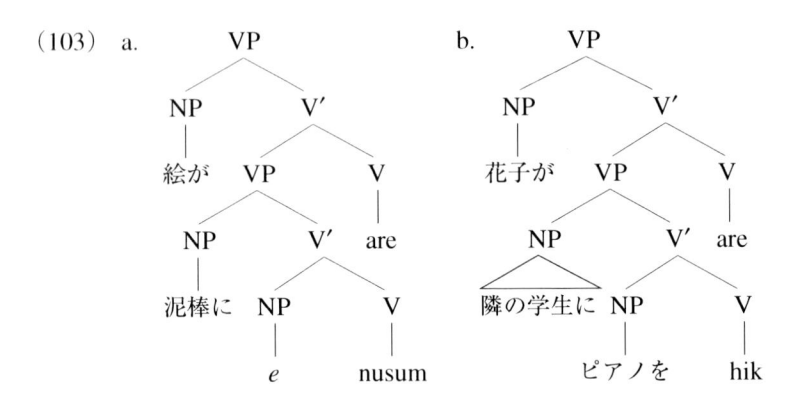

```
       VP                         VP
      /  \                       /  \
    NP    V'                   NP    V'
    |    / \                   |    / \
   絵が  VP  V                 花子が VP  V
        / \  |                      / \  |
       NP  V' are                  NP  V' are
       |   / \                    /|   / \
      泥棒に NP V               隣の学生に NP V
            |  |                        |  |
            e  nusum                  ピアノを hik
```

　この分析では，直接受動文の「に」句（「泥棒に」）と間接受動文の「に」句（「隣の学生に」）が，ともに補文主語の位置を占めていると主張される．次節でこの主張について検討する．

　本節で見たように，日本語の受動文において，目的語位置から（主節の）主語位置への名詞句移動が存在するという根拠はないことになるが，日本語の受動文にまったく名詞句移動が関与していないという結論が出たわけではない．「に」直接受動文が，上述の複文構造を持つとすると，補文内である種の名詞句移動が関与している可能性がある（⇒ 3.4.5）．また，「によって」受動文は，(93) の観察から明らかなように，その主語位置は非 θ 位置と考えることができ，英語の受動文の場合と類似の名詞句移動が関与している可能性がある（⇒ 3.4.7）．本章では，最終的にこれらの可能性に基づいた分析を発展させ，日本語の受動文の全体像を明らかにすることをめざすが，その前に「に」受動文における「に」句の性質について，もう少し詳しく見ておく必要がある．

3.4.4　間接受動文の「に」句と直接受動文の「に」句

　前節で，直接受動文と間接受動文がともに補文構造を持つ，という分析を見た．そこでは，動作主を表す「に」句は（直接受動文でも間接受動文でも等しく）補文の主語位置を占めていると主張された．それに対して，直接受動文と間接受動文で動作主の「に」句が，統語的に異なるふるまいを

するという主張がある．間接受動文の動作主は，補文の主語として機能する義務的な要素であるが，直接受動文の動作主は(英語の by 句同様) PP であり，随意的な付加詞であるというものである．

直接受動文における「に」句が PP をなしているとする主な根拠は，3つある．3つを順番に吟味していこう．まず第一は，直接受動文の「に」句が「自分」の先行詞にならないということである．

(104)　太郎$_i$ が花子$_j$ に自分$_{i/*j}$ の部屋で殺された．
(105)　太郎$_i$ が花子$_j$ に自分$_{i/j}$ の部屋で泣かれた．

間接受動文である(105)において，「自分」は「太郎」とも「花子」とも取れるのに対して，直接受動文の(104)では，「自分」は「太郎」を指すことはできるが，「花子」を指すことはできない．すでに見たように，「自分」は英語の再帰代名詞と異なり，主語指向性を持つ．(106a, b)に図示するように，間接受動文の動作主は補文の主語として機能しているのに対して，直接受動文の動作主は補文内で付加詞として機能していると考えれば，(104)と(105)の「自分」の解釈の違いは説明がつく．

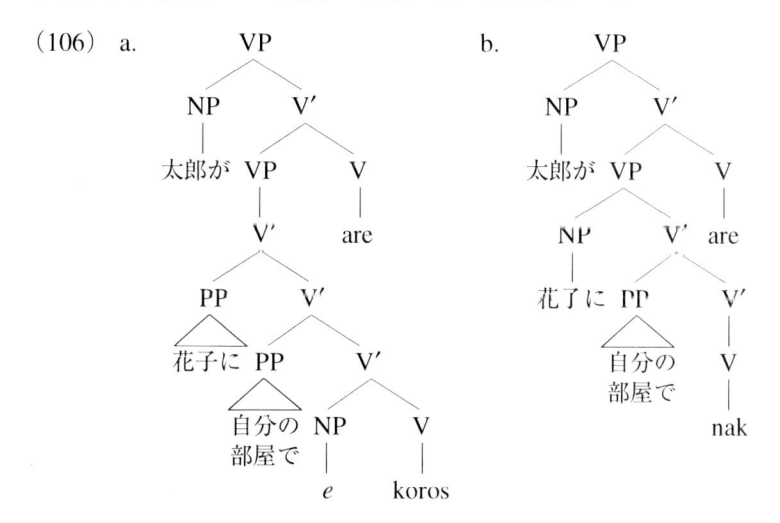

(106)　a., b. [syntactic trees]

この点について，Kitagawa and Kuroda (1992) は，次のような直接受

動文の例をあげて反論している.

(107) (これで)この証拠物件が検察側に自分たちに都合のいいようにでっち上げられた(ことが明白になったと思います).

(107)と(104)の重要な違いは,受動文の主語が(107)では無生物であり,そもそも「自分」の先行詞になれないということがある(Kitagawa and Kuroda 1992).(104)では,主語が人間であるため,「自分」の先行詞として可能である.主語が有生で「自分」の先行詞になれるときにはその解釈が優先され,「に」句を先行詞とする解釈は相対的に許容度が低くなるのであり,構造上は「に」句も自分の先行詞になりうる位置にあるというのが,Kitagawa and Kuroda の見解である.(108),(109)も同様の例である.

(108) 原子爆弾が素人に自分の部屋で簡単に製造される日もそう遠くないだろう. (Kitagawa and Kuroda 1992)
(109) この死体は犯人に自分の部屋でバラバラにされた(らしい).
(*ibid.*)

(107)の例に関しては,じつは主語が有生名詞句であっても,「に」句を「自分」の先行詞とする解釈はそれほど悪くない.

(110) その証人が検察官に自分の都合のよいように誘導されたこと

有生・無生以外の語用論的な要因によっても,「自分」の先行詞の選び方は影響を受けるようである.同様に,(109)の主語を有生名詞句に換えた場合は,主語も「に」句も,「自分」の先行詞となりうるようである.

(111) その子供は犯人に自分の家に閉じ込められていた(らしい).

このように,「自分」の先行詞の選び方には,統語構造のみでなく,語用論的な要因も影響するようだが,その2つはどのように関わっているのだろうか.1つの可能性は,直接受動文の「に」句は主語の位置にあり,統語的に主語指向性の条件を満たしているが,語用論的な要因によって「に」句を先行詞とする解釈が優先されないかぎり,主節主語(「が」格の

主語)を先行詞とする解釈が優先されるというものである(仮説1).もう1つの可能性は,直接受動文の「に」句は付加詞であり,主語指向性の条件を満たさないが,語用論的な要因によって「に」句を「自分」の先行詞とする解釈が好まれる場合には,主語指向性の条件に違反して,この解釈が許されるとするものである(仮説2).

一般に,(112)のように,2つの名詞句が有生物であり,いずれも主語の位置にあって「自分」をc統御している場合には,どちらが「自分」の先行詞になってもよい.

(112) 太郎が［花子が自分の部屋にいると］思っていた(こと)

したがって,受動文では,構造上の条件を満たす2つの名詞句のうち,主節主語を「自分」の先行詞とする解釈が語用論的な要因によって取りにくい場合に限って,もう1つの名詞句を「自分」の先行詞とする解釈の許容度が上がるとする仮説1では,なぜこのような傾向が受動文にのみ見られるのか,説明が難しい.一方,次のような「によって」受動文では,「自分」の先行詞が「自分」をc統御せず明らかに主語ではないにもかかわらず,同様に可能である(Hoshi 1999).

(113) この証拠物件が検察側によって自分たちに都合のいいようにでっち上げられた(こと)　　　　　　　(Hoshi 1999, 232)

このことは,直接受動文の「に」句のみならず,「によって」受動文の「によって」句に関しても,仮説2にそった分析が必要であることを示している.そこで本書では仮説2を採り,間接受動文の「に」句は主語としてふるまうが,直接受動文の「に」句は,付加詞として機能していると考えておく.

直接受動文の「に」句が,間接受動文の「に」句と異なり,PPをなしているとするもう1つの根拠は,遊離数量詞を用いた例に求めることができる.Miyagawa (1989)は次のような例をあげて,直接受動文と間接受動文の間で「に」句のふるまいが違うことを指摘している.

(114) *太郎が先生に2人叱られた(こと)

(115) 山田さんが子供に 2 人死なれた (こと)

(115) において，「2 人」は「子供」をホストにすることができるが，(114) においては，「2 人」が「先生」をホストにすることはきわめて困難である．

これに対して，Kitagawa and Kuroda (1992) は，どちらのタイプの受動文の「に」句でも遊離数量詞が可能であるとして，次のような直接受動文の例をあげ，さらに遊離数量詞が複数事象に関わる読みのほうが，単一事象に関わる読みより容認可能性が高いと主張している．

(116) a. アリカワ夫人はその手の男に 2 人誘惑されたことがある．
b. 犯人はほんの数分の間に通りかかった通行人に 2 人目撃されています．

筆者の判断では，たとえば (116a) において，2 人の男にいっしょに誘惑されたという単一事象に関わる解釈は，まったく不可能であるが，これまでにアリカワ夫人を誘惑した男の総数だけを問題にし，文全体は複数事象に関わる読みを持つ解釈であれば，かろうじて容認可能である．(116b) も同様である．これは通常，誘惑・目撃するのは 1 対 1 で行われるためと思われるかもしれないが，グループで行われることもある動詞でも同様のようである．次の例では，花子が 2 人組の男にナンパされかけたことがあるという解釈は難しい．

(117) 花子はその手の男に 2 人ナンパされかけたことがある．

しかし，3.4.2 節で見たように，遊離数量詞がホスト NP の示す個体の総数だけを問題にする場合には，そもそも相互 c 統御条件に従う必要がない．したがって，このような例をもとに，直接受動文の「に」句が，PP ではなく，間接受動文の「に」句と同様 NP であると結論づけることはできないように思われる．

さらに，「に」句内の名詞句が遊離数量詞のホストとして解釈できるかどうかの区別が，必ずしも直接受動文と間接受動文の区別と対応するわけではないようである．一般に，「に」句内の名詞句を遊離数量詞と結びつ

けて解釈することができるかどうかは，個人差も大きいが，傾向として，問題の「に」句が述部内の唯一の内項である場合のほうが，後に他の内項を従えている場合より容認可能性が高い．

　（118）　太郎は子供に 3 人会った．
　（119）?*太郎は子供に 3 人おもちゃをあげた．

　さて，受動文に戻って，次の例を考えてみよう．

　（120）?*山田先生は学生に 3 人その授業をサボられた．

（120）は間接受動文の例であるが，容認可能性は同じ間接受動文の（115）ほどは高くなく，直接受動文の（114）と比べてそれほどはっきりした容認可能性の差はないように思われる．もし，（114）が以下のような構造を持つとすれば，（114）と（120）の共通点は，「に」格の名詞句の後にもう 1 つ，目的語の名詞句が（音形があるかどうかは別にして）存在するということである．

　（121）　太郎が [先生に 2 人 e sikar]-are-ta.

「に」格の名詞句は，別の名詞句が後続する場合に遊離数量詞の容認可能性が低くなるとすれば，受動文の構造の問題とは独立の問題と考えられる．

　直接受動文の「に」句が，間接受動文の「に」句と異なるという主張を支持する第三の議論として，「に」句の随意性がある．直接受動文の動作主は（外項の θ 役割の抑制により）付加詞となっているので，省略可能だが（(122)），間接受動文の動作主は補文の主語として機能しているので，省略できない（(123)）というものである．

　（122）　太郎が逮捕された．
　（123）　a. *花子が夜遅くまでピアノを弾かれた．
　　　　　b. *山田さんが死なれた．
　　　　　c. *次郎が降られた．

これに対して，Kitagawa and Kuroda（1992）は次のような例をあげ，

「に」句の省略可能性に関しても，直接受動文と間接受動文の間には有意な差がないと反論している．

(124) a. 巨人のことを褒めちぎられた阪神ファン
　　　b. 出演者を紹介するはずの司会者が逆に自分(自身)を紹介されたりすると調子が狂ってしまうものなんです．
(125) a. 母親がいなくなった途端に泣き出されるような不慣れなベビーシッター
　　　b. 出先で降られた時の用心に，僕はいつも傘を持って歩いている．
　　　c. 毎回のようにセカンドに走られる肩の弱いキャッチャー
　　　d. アパートの管理人談：　夜中に騒がれたりしたら困るから，うちのアパートには年寄りしか入れないことにしているんです．

しかしながら，日本語は，文脈上何を指しているか明らかな場合には，主語や目的語ですら省略できる言語である．受動文の動作主が省略されている場合に，それが付加詞であるから省略可能であるのか，それとも，いわゆる空の代名詞が使われているため形式上省略されているように見えるのかについて，さらに検討が必要である．Kitagawa and Kuroda があげている (124), (125) の例は，文脈(あるいは世界に関する知識)の助けを借りて「に」句の指示対象がかなり推測可能なため，解釈可能になっており，補文の主語である「に」句が空の代名詞で現れている例であるという可能性を，排除できない．また，逆に (122) の直接受動文で「に」句が落ちているように見えるのは，じつは「によって」受動文の「によって」句が落ちているのだとする可能性も残っている．

　以上，直接受動文と間接受動文における「に」句の違いとして，従来指摘されてきた3つの基準を検討した．どの基準もさらに考察が必要な問題を残してはいるものの，両者の間に構造的な違いがあるという従来の見解を否定する，決定的な証拠はないように思われる．したがって，本書では，直接受動文の「に」句は付加詞として機能する PP であると考えておく．

3.4.5 格付与能力の吸収

「に」受動文では，直接受動文においても，主語位置に「経験者」と呼べるようなある種の θ 役割が与えられており，直接受動文も間接受動文と同様の複文構造をしていると考えるべき根拠があることを見てきた．「に」受動文の主語は θ 位置であるので，この位置への名詞句移動は許されないことになる．しかし，前節で見たように，直接受動文では「に」句は付加詞として機能しており，動詞が本来持っていた外項の θ 役割は抑制されていると考えられる．したがって，直接受動文も補文構造を持っているとすると，補文内の主語位置は非 θ 位置ということになる．

さらに，直接受動文における (r)are は，英語の受動形態素と同様に，動詞の格を吸収しているということを示す証拠がある (Saito 1982)．この議論を理解するためには，まず日本語の使役文と，「二重「を」制約」(Double-o Constraint) についてふれねばならない．

日本語の使役文は，動詞に使役を表す (s)ase という形態素が付くが，被使役主 (Causee) が「に」格を持つか「を」格を持つかにより，「に」使役文と「を」使役文がある．

(126) a. 太郎が花子に東京へ行かせた (ik-ase-ta)．(「に」使役文)
　　　 b. 太郎が花子を東京へ行かせた (ik-ase-ta)．(「を」使役文)

ところが，動詞が他動詞になると，(127b) のように「を」使役文は許されない．このことから，日本語には (128) のような制約があるものと考えられる．これを二重「を」制約と言う．

(127) a. 太郎が花子に本を読ませた (yom-ase-ta)．
　　　 b. ＊太郎か花子を本を読ませた (yom-ase-ta)．
(128) 日本語の動詞は，対格を2つ以上の名詞句に付与することはできない．

(r)are や (s)ase が付いた複合動詞は，この制約に関しては1つの動詞として扱われる．(127b) では，「花子を」と「本を」という対格を持った名詞句が2つ並んでいるため，(128) に抵触するわけだが，この制約が単なる発音にかかわる問題ではないことは，次の文からわかる．

(129) a. 太郎が花子に [e] 読ませたのは本(を)だ.
b. *太郎が花子を [e] 読ませたのは本(を)だ.

(129)では「を」格を持つ名詞句の1つが,分裂文の焦点の位置に現れている.(129b)では「読ませた」という複合動詞自体は,「を」格を担った名詞句を1つしか従えていないにもかかわらず,依然として非文法的である.これは,「を」格の名詞句が現れていないかわりに,([e] で示した)音形のない名詞句が対格を担っているからであると考えられるが,このことは問題の制約が単なる表層的な「を」格ではなく,抽象的な構造に関わる格の問題であることを示している.(この制約の詳細については,Harada (1973),Kuroda (1988),Saito (1982) などを参照されたい.)

さて,受動文の考察に戻り,次の文を考えてみよう.

(130) a. ジョン$_i$が(だまって)トムに [e]$_i$ 叱られた (sikar-are-ta).
b. メアリーがジョン$_i$を/に(だまって)トムに [e]$_i$ 叱られさせた (sikar-are-sase-ta). (Saito 1982)

(130a) で [e] が対格を担っているとすると,それを補文に埋め込んだ (130b) の使役文では,「ジョンを」と [e] の2つの名詞句が対格を担っていることになり,二重「を」制約の違反で非文になるはずであるが,この文は文法的である.したがって,(130b) および (130a) の [e] は対格を持っていない,というのが Saito (1982) の議論である.

英語の -en 同様,日本語の (r)are も,動詞の格付与能力を吸収する働きがあることになる.目的語位置に空範疇があり,しかも格を持たない空範疇であるとすると,それは NP 痕跡と考えられる.NP 痕跡であるならば,なんらかの名詞句移動が起こっていることになるが,いったい何がどこに移動しているのであろうか.「に」受動文の主節主語は θ 位置であるので,そこへの移動はありえない.そこで,Hoshi (1991) は,(131) に示したように,補文内で音形のない要素の移動があると提案する.この音形のない要素は,(132)の不定詞補文の主語位置に出てくる音形のない要素と同じものであると仮定して,PRO と表記しておく.(補文内で移動している空範疇が英語のコントロール構文などに生起する PRO とまったく

同じものであるかどうか,およびこの要素の存在をどのように保証するかには,検討の余地がある.)

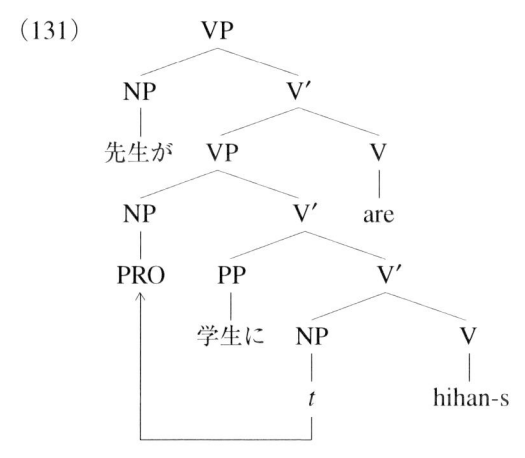

(131)

```
            VP
          /    \
        NP      V'
        |      /  \
       先生が  VP    V
              / \   |
            NP   V'  are
            |   /  \
           PRO PP    V'
           ↑   |    /  \
               学生に NP    V
                    |    |
                    t   hihan-s
```

(132) a. John wanted [PRO to leave].
　　　b. John wanted [PRO$_i$ to be arrested t_i].

ここで (r)are は補文を取り,その補文の目的語の位置から主語の位置 ((r)are の補文の VP の指定部)へ,PRO が移動している.(補文内の主語位置は,先に見たように,非 θ 位置である.) 同様の分析は,英語の get 受動文にも可能である.すなわち,(133)は(134)に示すように,get の補文内で PRO 移動が起こっていると考えられる (Hoshi 1991).

(133) John got arrested by the police.
(134) John got [PRO arrested t_i by the police].

このように考えれば,直接受動文は,主節の主語が θ 役割を付与されるという点では間接受動文と同じであるが,(外項の θ 役割の抑制とともに)目的語の格が吸収され,「に」句は補文の主語ではなく随意的な付加詞として機能するという点では,間接受動文と異なるという,一見相反するように思われる直接受動文の性質をうまく捉えることができる.

　上記の分析では,(r)are が一方で(英語の get のように)補文を取り,主

語にθ役割を与える動詞と分析されながら，他方では(英語の-en のように)補文の動詞の格付与能力を吸収し，外項のθ役割を抑制するとも分析され，その結果（131）に示すような補文構造を取ることになる．1つの要素がどのような仕組みで，この2つの役割を果たせるのだろうか．この問題の解決策として Hoshi (1994a, b) で提案されたのが，(r)are の主要部移動である．(r)are が動詞の格吸収と外項のθ役割の抑制をした後，LFで主要部移動によって上位の動詞位置に移動し，その位置で主節主語(と補文)にθ役割を与えるというものである．この分析の詳細は，主要部移動を扱う第5章で取り上げる（⇒ 5.5）．

この (r)are の主要部移動に関連する問題が，もう1つある．ここまでの分析をまとめると，「に」受動文は，直接受動文でも間接受動文でも等しく補文構造を持ち，直接受動文では補文内で格吸収が起こる．ところで，(日本語は音形のない代名詞 pro が自由に生起しうる言語であるので)もし(格吸収が起こらない)間接受動文の補文の目的語位置に，主文主語と同一指示の pro が生起できるとすれば，先に（103a）に示したような構造で，e の位置に pro が生起している構造が可能となる．(実際，Kuroda (1965, 1979) や Kitagawa and Kuroda (1992) が，直接受動文に対してまさにそのような分析を展開しているのは，すでに述べたとおりである.) その場合，直接受動文と同じような意味を表しながら，「に」句は補文主語として機能することになってしまう．(直接受動文と間接受動文を区別する特徴として，後者が典型的に「被害」や「迷惑」といった意味を持つということがよくあげられるが，これは必ずしも両者を区別する特徴ではない．Washio (1995) を参照．) しかし，もしそれが可能なら，(語用論的要因に関係なく) (104) の「自分」が「に」句を先行詞として取ることが可能となるはずである．また，(135a) に例示するように，補文の目的語の位置に主語と同一指示の代名詞「彼」が生起できないことから，音形のない代名詞 pro も主語と同一指示の場合には許されないと考えられる．(もちろん，「彼」や pro が「太郎」以外の人を指していれば，間接受動文として可能である．)

(135) a. *太郎ᵢが [花子に彼ᵢを批判 s]-are-ta.
b. *太郎ᵢが [花子に proᵢ 批判 s]-are-ta.

それでは，なぜ補文の目的語の位置には，主語と同一指示の「彼」や pro が生起できないのだろうか．もし「に」受動文が補文構造を持っているのならば，「彼」や pro は補文内では束縛されていないため，補文が束縛領域（binding domain）であるとすると，「代名詞類は束縛領域内で自由でなければならない」という束縛理論の条件 B の違反にはならないはずであり，なぜこれらの代名詞が許されないかが説明できない．「に」受動文は，補文構造を持ちながらも，補文の代名詞にとっては主節が束縛領域となる必要があることになる．この点についても，(r)are の主要部移動が重要な働きをすることになるが (Hoshi 1994a, b)，その詳細は 5.5 節で取り上げる．

3.4.6 間接受動文における外項の θ 役割の抑制

前節で，直接受動文では，主節の主語位置は θ 位置であるが，補文の主語位置は外項の θ 役割の抑制によって非 θ 位置となり，そこに PRO が移動するという分析を見たが，間接受動文においても，外項の θ 役割が (r)are によって抑制されているという，興味深い議論がある (Washio 1989–90)．

それは関係文法で言う，1 Advancement Exclusiveness Law（1AEX）という一般化を用いたものである．これは，おおむね，1 つの節において主語への昇格（advancement）（本書の枠組みでの，外項の θ 役割の抑制にほぼ対応）は，一度のみ許されるという一般化である．したがって，すでに受動化されている構造をさらに受動化することや，非対格構造を受動化することはできない．本書の枠組みでは，すでに受動化されている場合には外項の θ 役割はすでに抑制されているし，非対格構造の場合にはもともと外項に与える θ 役割がなく，受動化が行う「外項の θ 役割の抑制」ができないためということになる．これに基づいて，間接受動文をさらに直接受動化することによって，間接受動文において動詞の外項の θ 役割

が抑制されているかどうかを調べることができる．たとえば，次のような例である．

(136) a. 私は息子を誰かに殴られた．
b. *(私は)息子が(誰かに)殴られられた．

(Washio 1989–90, 231)

(136b) は，間接受動文である (136a) の目的語名詞句「息子を」を，さらに受動化して主語に取り立てて，直接受動文にしたものである．(「私は」は文全体のトピック句であり，主語ではない．) (136b) の非文法性は，間接受動文の受動化が許されないことを示している．間接受動文において，動詞の外項の θ 役割が抑制されていると仮定すれば，この観察を 1AEX から導くことができる．

もう 1 つ別の議論がある．他動詞派生の自動詞では，間接受動化が許されない．

(137) a. *僕は窓に突然割れられた (war-e-rare-ta).
b. *僕は靴の紐にほどけられた (hodok-e-rare-ta).
c. *僕はズボンに脱げられた (nug-e-rare-ta). (*ibid*., 232)

これらの動詞は，他動詞に -e という接辞が付くことによって自動詞化されてできたもので，外項の θ 役割を持たない非対格動詞である．間接受動が外項の θ 役割を抑制すると考えれば，これらの文の非文法性も 1AEX によるものと説明できる．先の (136b) では，その非文法性は rare-rare という連続が形態論的に不適格であるからだ，と主張することも不可能ではない．しかし，(137) の非文法性を，e-rare という連続が形態論的に不適格であるという理由に帰することは，不可能である．なぜなら，他動詞化接辞として機能する -e の場合には，次の例が示すように，e-rare という連続は許され，直接受動・間接受動ともに可能だからである．

(138) a. ドアが開けられた．
b. 僕は誰かにドアを開けられた． (*ibid*., 233)

したがって (137) の非文法性は，自動詞化のさいに動詞の外項の θ 役割

がすでに抑制されており，間接受動化のための外項の θ 役割の抑制ができないためと考えられる．

ただし，他動詞から派生されたのではない自動詞の場合には，このような制限はない．

(139) a. 僕はタイヤにパンクされた．
b. 僕は時計に止まられた．
c. 僕はインクに乾かれた． (*ibid*., 232)

これらの文が文法的であるという事実は，「パンクする」「止まる」「乾く」という動詞が，一見，非対格動詞のようでありながら，外項の θ 役割を持っていることを示している．さらに次の例を考えてもよい．

(140) a. 山田先生は食事中に学生にオフィスに来られて困った．
b. 私たちは映画の上演中に女に舞台に上がられて迷惑した．
c. 旅館の女将は予定時間よりも早く客に着かれて慌てた．

「来る」「上がる」「着く」は，遊離数量詞を用いたテストでは非対格動詞と認定される (⇒ 3.4.1)．たとえば，(141) では，表層の構造では，遊離数量詞とそのホスト NP (すなわち主語名詞句) は相互 c 統御の関係にないが，(142) と異なり，文法的である．

(141) a. [[$_{VP}$ 学生が [$_{V'}$ オフィスに 2 人来]] た]．
b. [[$_{VP}$ 女が [$_{V'}$ 舞台に 1 人上がっ]] た]．
c. [[$_{VP}$ 客が [$_{V'}$ 旅館に 2 人着い]] た]．

(Miyagawa 1989, 43)

(142) *[[$_{VP}$ 学生が [$_{V'}$ 酒を 3 人飲ん]] だ]．

(141) で用いられている動詞が非対格動詞であり，主語の名詞句が D 構造では V′ 内の目的語の位置にあったとすれば，ホスト NP の痕跡と遊離数量詞が相互 c 統御の関係にあり，その文法性が正しく導かれるというのが，Miyagawa (1989) の議論の趣旨であった．しかし，(140) の例文の文法性は，「来る」「上がる」「着く」という動詞には外項に θ 役割を与える (すなわち，主語が「動作主」の θ 役割を持つ) 用法も可能であるこ

とを示しており，仮に遊離数量詞の分布を非対格性の証拠としても，これらの動詞には 2 通りの用法が許されることになる．純粋な非対格動詞は，形態的に単純な「来る」「上がる」「着く」などの動詞にはなく，他動詞から接辞化によって自動詞化されたものにしか見られないという事実は，興味深い．

さて，間接受動文でも外項の θ 役割が抑制されているとすると，「に」句は，主語ではなく付加詞として現れることになる．しかし前節で見たように，間接受動文の「に」句は直接受動文のそれとは異なり，補文主語として機能しているとする議論もあった．これはどう考えたらよいだろうか．Washio (1989–90) は，外項の θ 役割の抑制のために空になった補文主語の位置に付加詞の「に」句が移動するために，主語的な性質を持つようになるのだと分析する．たとえば，(143) は (144) のような構造を与えられる．ここで，「メアリーに」は下の VP 内において，V′ に付加された位置から指定部の位置に移動している．（さらに (r)are が主要部移動を起こしているが，この点については第 5 章で扱う.）

(143) ジョンがメアリーに子供を殴られた（こと）
(144)

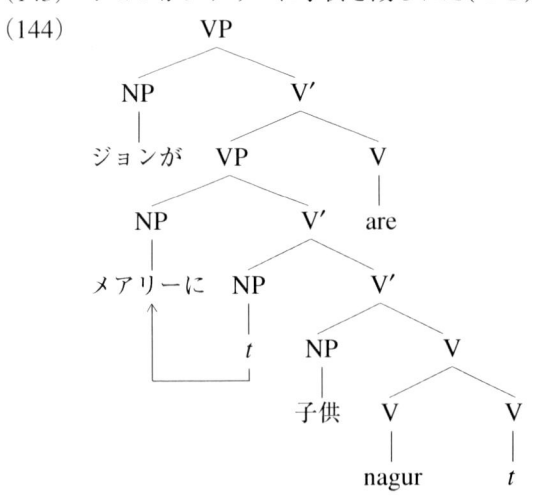

```
              VP
           /      \
         NP        V′
         |       /    \
       ジョンが  VP      V
              /   \     |
            NP    V′   are
            |   /    \
         メアリーに NP   V′
            ↑   |   /   \
            t  子供  V    V
                    |    |
                  nagur  t
```

まとめると，直接受動文でも間接受動文でも，ともに外項の θ 役割が

抑制され付加詞に格下げされるが，間接受動文の場合には，空になった補文主語位置(すなわち下のVPの指定部)に目的語名詞句が移動することがない．そのため，付加詞がそこに移動することができ，結果として(抑制されたにもかかわらず)補文主語の位置に現れることになるわけである．

3.4.7　「によって」受動文と名詞句移動

3.4.3節の「に」受動文との対比で見たように，「によって」受動文の主語の位置にある名詞句は，動詞の内項に相当する意味役割だけを持ち，それ以外の意味役割を与えられない．この点から見ても，また，動作主を表す「によって」句が随意的な付加詞であるという点から見ても，「によって」受動文は英語の be 受動文にもっとも近い性質を持っていると言える．したがって，たとえば (145) の文は，(146a) のような D 構造から，「フェルマーの定理」を目的語の位置から主語の位置に移動させることによって (146b) の構造が得られるというように，英語と同様の分析をする可能性が考えられる (Kuroda 1979)．

(145)　フェルマーの定理が太郎によって証明された．
(146)　a.　[e] 太郎によって　フェルマーの定理　証明された
　　　　b.　フェルマーの定理$_i$ が太郎によって　t_i　証明された．

実際，Hoshi (1991) は次のような動詞句イディオムの例をあげて，この可能性を支持している．(受動文におけるイディオムの可能性は，井上 (1976) ですでに指摘されている．)

(147)　a.　ジョンが細心の注意を払った．
　　　　b.　*細心の注意がジョンに払われた．(ジョンが動作主の解釈で)
　　　　c.　細心の注意がジョンによって払われた．
(148)　a.　ジョンがケチをつけた．
　　　　b.　*ケチがジョンにつけられた．(ジョンが動作主の解釈で)
　　　　c.　ケチがジョンによってつけられた．

これらの動詞句イディオムが，(147), (148) の b. 例が示すように「に」

受動文では許されないことは，すでに述べたように，「に」受動文の主語が「経験者」というθ役割を与えられることから説明される．「注意を払う」「ケチをつける」などの動詞句イディオムは，動詞句全体で初めて1つの意味をなすのであるから，その一部である「注意」や「ケチ」が経験者のような役割を担うことはありえない．それに対して，「によって」受動文では，これらのイディオムを受動形で用いることができる．「によって」受動文の主語位置は非θ位置なので，「に」受動文の場合と異なり，イディオムの一部が生起することに問題はない．したがって，「によって」受動文では，目的語から主語への名詞句移動が起こっているという可能性も考えられる．

しかし，先に用いたスコープの多義性に関するテストを用いると，主語位置にある名詞句が，目的語の位置から「によって」句を飛び越えて移動したという証拠を求めることができない．

(149) a. 誰かが誰によっても誉められた．(∃>∀/?*∀>∃)
b. 太郎か花子がどの人によっても招待された．(OR>∀/?*∀>OR)

(149a)において，「誰か」が「誰によっても」を飛び越えて移動しているのであれば，(37)のスコープ原則によって，どちらがより広いスコープを取る解釈も可能となるはずだが，実際には「誰か」が「誰によっても」より広いスコープを持つ解釈(「すべての人に誉められた人が(少なくとも)1人いる」という解釈)しかない．(149b)も同様で，「太郎か花子」が「どの人によっても」より広いスコープを持つ解釈(「太郎が全員に招待されたか，花子が全員に招待されたかのいずれかである」という解釈)しかない．

一方，先に見た繰り上げ文の場合と同様，以下のように，「かきまぜ」操作によって「～によって」が「～が」の左側に来た場合には，スコープの多義性が観察される．

(150) a. 誰かによって誰もが誉められた．(∃>∀/∀>∃)
b. 太郎によってか花子によってどの人も招待された．(OR>

∀ / ∀ > OR）

(150a) では「かきまぜ」操作によって，「誰かによって」が「誰もが」を飛び越えて移動したとすれば，解釈の多義性はスコープ原則 (37) によって予測されることになる．(150b) も同様である．(なお (150a) では，「誰か」が「によって」句の内部にあるので PP の外にスコープを持てないはずで，一見「誰も」より広いスコープを持ちうるように見えるのは，「誰か」が特定的な解釈を持っている場合であるという可能性がある．しかし，ここでは「誰も」のほうが広いスコープを持ちうるということが重要である．また，(150b) では「か」が「によって」の外にあるので，そのような問題は生じない．)

以上のスコープ関係に関する考察から，「が」格の付いた名詞句が「によって」句に先行する（= より高い位置にある）構造が，D 構造ということになる．しかし，「によって」受動文においても，「に」受動文同様，「が」格の名詞句は初めから主語の位置に基底生成されていると考えると，「によって」受動文の主語位置は非 θ 位置であるという，先の結論と矛盾してしまう．

D 構造において，「が」名詞句が「によって」句より高い位置にあるという観察は，必ずしも「が」名詞句が基底から主語位置にあるということを意味しない．D 構造において，付加詞である「によって」句が目的語より高い位置にあるとはかぎらないからである．実際，同じテストを使って，D 構造では目的語のほうが付加詞の「によって」句より高い位置にあることを示すことができる．

(151) a. 太郎はどれかの方法によってどの問題をも解いた．（∃ > ∀ / ∀ > ∃）
      b. 太郎は A の方法によってか B の方法によってどの問題をも解いた．（OR > ∀ / ∀ > OR）
(152) a. 太郎はどれかの問題をどの方法によっても解いた．（∃ > ∀ / ?*∀ > ∃）
      b. 太郎は A の問題か B の問題(か)をどの方法によっても解いた．（OR > ∀ / ?*∀ > OR）

(151)が数量詞のスコープの解釈に関して多義であり，(152)は多義ではないという事実は，(151)の語順は移動によって得られたものであることを示している．つまり，目的語が「によって」句に先行する語順のほうが，基本語順ということになる．この文における「によって」が，受動文に出てくる「によって」と本質的に同じものであるとすると，「によって」受動文において，目的語の位置から主語の位置への名詞句移動が起こったとしても，(153)に示すように，移動する名詞句は「によって」句を飛び越えていない可能性がある．

(153)　a.　D構造：　[$_e$] フェルマーの定理　太郎によって　証明された
　　　　b.　派生構造：　フェルマーの定理$_i$ が　t_i 太郎によって証明された．

「によって」句はV-(r)areという動詞に付加されて全体としてVになり，目的語の名詞句を補部として取る(しかし格は吸収されている)と考えると，「によって」受動文のD構造は次のようになる．

(154)　[$_{VP}$ [$_{V'}$ NP [$_V$ [$_{PP}$ NP によって] [$_V$ V-(r)are]]]]

このように考えると，仮に名詞句移動が起こり，目的語の名詞句がVPの指定部(あるいはIPの指定部)に移動したとしても，スコープの多義性が生じないことは正しく予測される．

　3.3節でふれたように，日本語の主語は必ずしもIPの指定部の位置にあるとはかぎらず，受動文の主語も同様である．しかし，少なくとも受動文の「が」格の名詞句が，目的語の位置ではなく主語の位置を占めうることは，以下の主語尊敬語化の現象を用いて確かめることができる．

(155)　a.　*太郎が山田先生をお殴りになった(こと)
　　　　b.　山田先生が太郎をお殴りになった(こと)
(156)　a.　山田先生が太郎によってお殴られになった(こと)
　　　　b.　*太郎が山田先生によってお殴られになった(こと)

「おVになる」は，主語に尊敬の対象がこなければならないという特徴を持つ．(155)と(156)の対比から，能動文の目的語が，受動文では主語

として機能できることが確かめられる．また，すでに観察したように，主語指向性を持つ「自分」を用いても，同様の結論が導ける．たとえば，次の文では「自分」の先行詞は「山田先生」である．

(157) 山田先生が花子によって自分の学生の前で批判された(こと)

3.3節で「思える」文を考察したさいに，日本語ではVP内にある名詞句が，そのままの位置で時制辞Ⅰから「例外的に」格付与を受けるとする分析を採った．状態動詞ならびに可能動詞の目的語が主格を担う場合は，VPの補部の位置にとどまったまま上位の時制辞から主格を付与され，「思える」文の場合には，補文の主語の位置にとどまった名詞句が主節の [+tense] のⅠから主格を付与されるとした．さて，上で見たように，「によって」受動文の「が」格を担う名詞句は主語として機能できるので，この場合には「が」格の名詞句が少なくともVPの指定部までは移動していると考えなければならない．もし，受動文でも，状態述語文のように(動詞が対格付与能力がないため)目的語の位置の名詞句が時制辞Ⅰから例外的に主格を付与されうるとすれば，このVPの指定部までの移動は格のための移動ではなく，何か別の理由で主語位置まで移動しているということになろう．その移動の理由が何であるかは今後の課題として残るが，名詞句移動が一致と格付与のために起こる英語の受動文の場合とは，この点で異なることになる．(また，問題の移動は，語順の変更を伴わないため，顕在的移動 (overt movement) であるかどうかについても，検討の余地が残る．)

同様のことは，3.4.5節で見たPRO移動に基づく分析についても言える．

(158) [IP [VP 先生iが [V' [VP PROi [V' (学生に) ti [V hihan-s]]]-are]] -ta]

3.4.6節で，間接受動文では空いている補文主語の位置に「に」句が移動するために，「に」句は主語として機能するとした．直接受動文の「に」句が主語として機能しないのは，(158)のように，補文主語の位置が必ず

PRO によって占められるためと考えられるが，この PRO の義務的移動は何によって動機づけられているかという問題が残る．

さらに，受動文の「によって」は，英語の受動文の by とは異なる性質があるようである．受動文の「によって」句は，「動作主」という意味役割を持ちうるものに限られるからである．したがって，動作主という意味役割を担えない場合には，「によって」受動文は不自然になる．

(159) a. その町は高い山に囲まれている．
   b. ?*その町は高い山によって囲まれている．
    cf.その町は軍隊によって囲まれている．
(160) a. 太郎はみんなに嫌われている．
   b. *太郎はみんなによって嫌われている．

英語の受動文では，by 句が必ずしも動作主を表すとは限らない．

(161) The city is surrounded by high mountains.
(162) John is hated by everyone.

このことは，「によって」が本来，受動文に特化した表現ではなく，英語の by よりも語彙範疇的な性質をより強く持っていることを示している．すでに見たように，「によって」は手段や方法を表す表現としても用いられる．

(163) 太郎はこの方法によって次々と難問を解いていった．

受動文に「によって」句が現れうるのは，この表現が手段・方法に加えて，「動作主」という意味を表しうることの結果であり，「によって」は，英語の受動文の by のように受動化によって抑制された θ 役割を自動的に引き継ぐという機能を持つ表現としては，確立していないということかもしれない．実際，動作主が「によって」ではなく，「から」で表されることもある(井上 1976)．

(164) a. 卒業証書が学長から(卒業生に)渡された．
   b. 卒業証書が学長によって(卒業生に)渡された．
(165) a. 判決が裁判長から(被告人に)言い渡された．

b.　判決が裁判長によって(被告人に)言い渡された．

「によって」受動文は，ヨーロッパ系の言語の影響で新たに日本語に加えられた構文であるという可能性を，Kuroda (1979) が示唆しているが，この「によって」に見られる意味的制限も，この由来に原因があるのかもしれない．日本語の受動文においては，受動形態素も「られ」という動詞であり，英語の -en という屈折形態素と比較すると，より語彙的である．上でふれた「によって」と by の違いも考慮すると，日本語の受動文で，より語彙的な表現が多く用いられている点は注目してよいであろう．日本語では(決定詞 D がなく，I は不完全な形でしか存在しないなどの点で)機能範疇が乏しいという Fukui (1986, 1995) の提案があるが，それが日英語における受動文のふるまいの違いにも現れていると言える．

3.5　ま　と　め

　以上，日本語における名詞句移動の存在をめぐって，繰り上げ文・受動文・非対格文を考えた．日本語には，英語の繰り上げ述語と似た意味的特徴を持つ動詞はあるものの，それらの動詞の補文の主語から主文の主語へ名詞句が移動していると考えるべき証拠はなく，日本語では，英語のように主格付与のために補文の主語名詞句を繰り上げるという現象はない．

　日本語の受動文については，「に」受動文と「によって」受動文の2種類を区別したうえで，英語の受動文との比較をした．「に」受動文は，(1)are が，出来事を表す補文を内項に取り，経験者を外項に取る複文構造を持っている．主語は θ 位置と考えられるので，θ 基準を保持するかぎり，この位置への名詞句の移動は考えられない．従来，対応する能動文があるかどうかで直接受動文と間接受動文が区別されてきたが，両者はともに補文構造を持つという点では，同一の構造を有している．補文内で，動詞の目的語への格付与能力が吸収されている場合が直接受動文であるが，主節主語が目的語の位置から非 θ 位置に移動した派生主語ではない点は，間接受動文と同じである．また，外項の θ 役割が抑制されるという点では，直接受動文と間接受動文の間に差がないことも見た．

このように，「に」受動文は，英語などのヨーロッパの言語における受動文とはいちじるしく異なる性質を持つが，「によって」受動文には一部英語の受動文と似た特徴が観察される．まず，「によって」受動文には補文構造はなく，主語位置は非 θ 位置と考えられる．また，「によって」句は（意味的制限はあるものの）英語の by 句と同様に付加詞として機能しており，随意的な要素である．「によって」受動文の「が」格の名詞句は，主語的な性質も持っており，それゆえ，主語位置への名詞句移動が関与していると考えてよいように思われる．しかし，時制辞 I から VP 内の要素への主格付与が可能であれば，問題の移動は一致や格付与のための移動ではないという点で，英語とは異なることになる．

非対格文については，遊離数量詞を用いた文は，それと相互 c 統御の関係にある NP 痕跡の存在を要求する NP 数量詞ではなく，動詞句を副詞的に修飾する VP 数量詞が生起している可能性があり，必ずしも名詞句移動の証拠にはならないことを見た．

本章の中心的な問題であった「日本語に名詞句移動は存在するか」という問いについては，現段階では（「かきまぜ」操作における移動を除けば），「に」直接受動文の補文内における空範疇（PRO）の移動と，「によって」受動文における移動という形で，わずかにその存在の可能性が残されているにすぎず，いずれも格のための移動かどうかについては疑問が残るという結論になる．（3.4.6 節で見た間接受動文における「に」句の VP 指定部への移動も，名詞句移動の例と考えてよいかもしれないが，これも義務的な移動とする根拠はいまのところないし，格付与に直接関与する移動でもない．）さらに，両者ともその移動が顕在的な移動かどうかについても，現在のところ確かな議論はなく，その点でも英語とは大きく異なることになる．

第4章　日本語の WH 構文

　この章では，論理形式（LF）に関わるさまざまな言語現象を観察し，英語と日本との間に見られる重要な相違点と共通点を考えていく．

　現象の面で中心的な位置を占めるのは，いわゆる WH 構文——英語であれば who, what などを含む文，日本語では「何」「誰」などを含む文である．この章では，WH 構文の両言語で観察される特性を考察し，その相違点と共通点を探っていく．そこで焦点となるのは，「移動」の有無，「局所化」の役割である．

　また，英語では観察しにくい WH 構文の特性が，日本語の WH 構文を見て初めて明確に認識されることがある．日本語に見られる複合名詞句内部に現れる WH 要素のふるまいは，まさにそのような思考の場を与えてくれる．

　さらに，日本語における WH 要素を含む「かきまぜ」の現象も，英語には見られない人間の言語の不思議さを思わせるものである．

4.1 「WH 移動」と日本語

4.1.1 WH 移動

　日本語は WH-in-situ の言語，すなわち WH 要素が節の左端など，ある特定の位置に現れる必要がない言語と言われている．ヨーロッパの多くの言語，たとえば英語では WH 要素は，必ず節の先頭に現れなければならない．

　（1）　a.　John wants to know who(m) Mary likes.

b. *John wants to know (that) Mary likes whom.

この現象を捉えるため，1960年代，生成文法のかなり初期のころから，WH 要素は D 構造，すなわち文の述語の基本的な特性が定義されるレベル（おおむね意味に関与する基本語順が定義される）で，普通の名詞句 NP と同じ位置に生成され，S 構造，すなわち発音される語順などが定義されるレベル（音声形式: Phonetic Form, PF）と論理的な意味の側面を表示するレベル（論理形式: Logical Form, LF）への入力を派生する過程で，WH 移動という規則が適用して，WH 要素が節の先頭の位置に移動を受ける，という分析が広く行われている．(1a) は次のような D 構造を持つことになる．

(2)　John wants to know [　] Mary likes who(m)

これに対して，日本語では WH 要素は，通常の NP が占める文中のあらゆる位置に現れることが可能である．

(3) a. 田中さんは誰を叱ったの？
    b. 田中さんは誰からお金を受け取ったの？

日本語でも，WH 要素が節の先頭に現れることはある．

(4)　誰を田中さんは叱ったの？

しかし，この現象は英語の WH 移動と，いくつかの点で異なった性質を持っている．第一に，もっとも直感的なポイントとして，英語の WH 要素が節頭に現れるのは義務性が高いのに対し，日本語の WH 要素が節頭に現れることには文体上の要請すらなく，(4) が (3a) より好ましいということはない．一方，英語でも，次のような WH 疑問文が存在する．

(5)　The headquarters of the World Health Organization are located in which city?　Answer: Geneva.

しかし，このような文が可能なのは，相手の発言が聞き取れなかったような場合の聞き返し（echo question）としてか，クイズの問題などの場合に限られる．（この文自体は，筆者が CNN テレビを見ていて目にしたクイ

ズ問題である.）さらに，このような，WH 要素が節頭にない疑問文が英語で成り立つのは，直接疑問文として機能する場合のみで，(1b) のように，know などの補文として疑問文が埋め込まれている場合には，WH 要素は必ず節頭になければならない.

このことから，1980 年代の初めまで，WH 移動の有無が，日本語と英語の統語的な相違点として，いわば 1 つの既定事実のように考えられていた.

4.1.2　LF の WH 移動

前節で述べた WH 移動そのものの有無に関する考え方に変化が生じたのは，1970 年代の後半，文法理論の中に「論理形式」(LF) という表示のレベルが提案されるようになってからである.

LF において大きな位置を占めるのが，量化表現の持つ論理的特性であり，ここでは every, some などの量化詞だけでなく，WH 要素を含む構文の性質が追求される.

「論理表示」と「論理形式」

伝統的な述語論理学では，英語の every, some などに相当する量化子 (quantifier) は，それが現れる文をスコープとして取る演算子 (operator) と考えられる．最近の理論で仮定される論理表示は，この演算子と，変項の値の範囲を限定する限定節 (restrictive clause)，そして演算子のスコープを規定し，変項 (variable) を含む関数を指定する中核スコープ (nuclear scope) の，3 つの部分から成り立っている．次のような量化表現を含む文は，(7) のような論理表示と対応する.

(6)　John saw every dog (in town).
(7)　Every(x) [dog(x)] [John saw x]
　　　演算子　　限定節　　中核スコープ

数量詞繰り上げ (Quantifier Raising: QR) は，自然言語の量化表現を論理表示の演算子(プラス限定節)に類似したかたちで，統語構造の中で扱

おうとする考えを具現化したものである．May（1977）は，（6）のような量化表現を含む文を，次のような量化表現が演算子（プラス限定節）に相当する位置を与えられる構造に投射することを提案した．

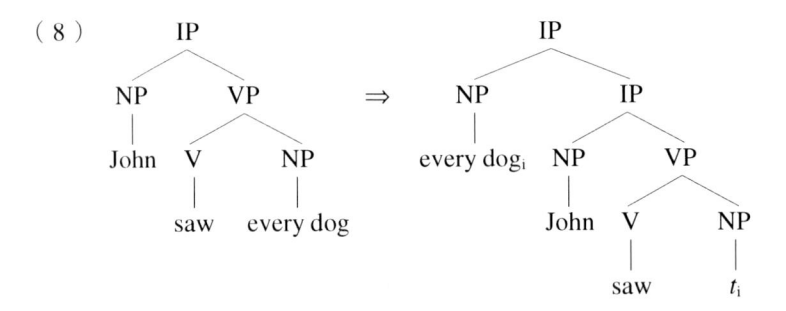

(8)

```
        IP                              IP
       /  \                            /  \
      NP   VP            ⇒           NP    IP
      |   /  \                        |   /  \
     John V   NP                every dog_i NP  VP
          |   |                            |   / \
         saw every dog                   John V   NP
                                              |   |
                                             saw  t_i
```

QR という操作によって，量化 NP の every dog は主節 IP に付加（adjoin）される．この表示のレベル，すなわち「論理形式」（LF）において量化表現が c 統御（c-command）する領域，おおまかに言えば構造的に影響を及ぼすことができる優位な位置，上の例で言えば IP をこの量化表現の「スコープ」と定義する．

　このように，量化表現の「スコープ」を規定することが，表示のレベルとしての LF の役割の重要な部分である．

　LF はミニマリスト・プログラムの中で，言語の計算システム（computational system）が「概念・意図システム」（conceptual-intentional system）とのインターフェイス領域として，言語表現を後者に可読（legible）な実体として提供するレベルと捉えられ，その役割の幅はより広がっていると考えられるが，量化に関わる役割はまだ明確に提示されているとは言えないものの，重要な部分であることに変わりない．

WH-in-situ

　May（1977）によって提案された LF という表示レベルは，WH 要素の解釈や分析にも重要な役割を果たすと考えられた．まず，英語の基本的な WH 要素を含む文自体，演算子とそれによって束縛される変項を含む開放文（open sentence）の構造を持っていると考えられる．

（9） (I wonder) [*who*ᵢ [John saw *t*ᵢ]]

つまり WH 要素が演算子，それの S 構造での WH 移動によって作られるその痕跡が，変項である．

さらに，英語には明示的な WH 移動を受けない WH 要素がある．次の文の what がそうである．

（10） (I wonder) who saw what.

このような，D 構造と同じ位置にとどまっている WH 要素を，「元位置 (in situ) の WH 要素」と呼ぶ．この元位置の WH 要素は，前節で見た量化表現と同じく LF で移動を受け，次のような LF 表示に投射されると考えられる．

（11） (I wonder) [*what*ⱼ *who*ᵢ [*t*ᵢ saw *t*ⱼ]]

この分析では，すべての WH 要素は LF において，その痕跡と演算子・変項の関係を持つと考える．

この LF 移動のアプローチは，中国語，日本語，韓国語などの WH 構文に対する考え方に大きな影響を与えた．その最初の代表的な仕事が，Huang (1982) である．明示的な WH 移動のない中国語では，WH 要素は LF で移動すると主張されている．この考え方によると，中国語の WH 疑問文 (12a) は，(12b) のような LF に投射される．

（12） a.　ni　xihuan shei?
　　　　　you like　　who
　　　　　'Who do you like?'
　　　b.　[shei ᵢ [ni xihuan *t*ᵢ]]

この主張は，次のような言語の類型に関わる大胆な仮説に集約される．

（13）　諸言語が異なるのは，規則(や，その制約や条件)があるかないかにおいてではなく，その規則(や制約)がどのレベルで適用するかにおいてである．

この研究に影響を受け，東アジア言語の WH 構文の研究が多く現れるよ

うになる．その多くの仕事は，非移動の WH 要素が LF で移動するという仮定が出発点になっている点で，重要な共通点がある．

4.2 日本語の WH 構文

4.2.1 日本語の WH 構文の特性

　日本語の WH 構文の基本的な特性を論じた初期の仕事（Kuroda 1965; Harada 1971）の中で強調されているのは，日本語の疑問文の終助詞「か」の役割である．次の文が示すように，「か」が文を疑問文にする働きがあることは明らかである．

　（14）　太郎は本を読んでいますか？

この文の「本を」を「何を」に変えると，WH 疑問文になる．

　（15）　太郎は何を読んでいますか？

WH 疑問文で「か」が果たしている役割は，文を疑問文とするだけではない．「か」は WH 要素のスコープを明示する働きがある．WH 要素が文全体にスコープを持っていれば文全体が WH 疑問文で，それに対する答えは WH 要素に値を与えるようなものでなければならない．疑問文 (15) に対する答えは，次のようなものである．

　（16）　『戦争と平和』です．

次の例文を考えてみよう．

　（17）　太郎は［花子が何を読んだと］言いましたか？

この例文は複文構造を持っており，WH 要素は埋め込み文の中に現れている．しかし，ここでも (16) と同じような答えが要求される．このことは，まず WH 要素と「か」が同じ節に現れる必要がないことを示している．

　次の例文は，「か」の位置が (17) と異なっている．

　（18）　太郎は［花子が何を読んだか］言いました．

この文では，WH 要素の位置は (17) と同じだが，「か」が補文の最後の

位置にある．このことによって，WH 要素のスコープは補文に限定され，文全体は疑問文として機能しない．これまでの観察から，次のことが言える．

(19) 日本語の WH 要素のスコープは，(i) WH 要素と，(ii)「か」を含む領域である．

日本語との対比のために，もう一度英語の WH 疑問文を観察しよう．

(20) *What*$_i$ did John tell you [(that) Mary read t_i]?

この文では，WH 句 what が文頭にあり，その痕跡は埋め込み文の中にある．そして，文全体としては WH 疑問文として機能している．この点で，(20) は日本語の (17) に対応する．もう 1 つ，次の文を考えてみよう．

(21) John will tell you [*what*$_i$ Mary read t_i].

この文では，WH 句とその痕跡がともに埋め込み文の中にあり，文全体は疑問文として働かない．日本語と対比して英語の WH 要素のスコープを，次のように一般化することができる．

(22) 英語の WH 要素のスコープは，(i) WH 要素と，(ii) その痕跡を含む領域である．

4.2.2 日本語の WH 移動

前節で観察した日本語の WH 構文の特性を捉える 1 つの方法として提案されたのが，日本語の WH 要素は LF, すなわち「論理形式」への派生の過程で移動を受ける，というものである．より具体的には，「か」が補文 (Complementizer Phrase: CP) のヘッド (C) の位置を占めており，WH 要素が LF で CP の指定部 (Spec) へ移動し，この位置で主要部・指定部の一致 (Spec-Head Agreement) が満たされるとする考え方が，広く受け入れられている．

(23)

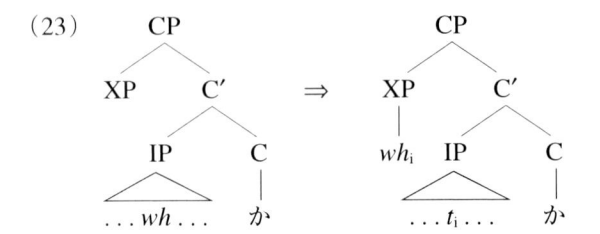

```
        CP                        CP
       /  \                      /  \
      XP   C'         ⇒         XP   C'
          /  \                   |  /  \
         IP   C                 wh_i IP  C
         /\   |                     /\   |
       ...wh...  か              ...t_i... か
```

4.2.3 主要部移動

前節で見た LF での WH 移動にかわる,もう 1 つの考え方は,現代の日本語の WH 構文の派生は,前節で C の位置を占めると述べた「か」が WH 要素と構成素をなす位置で生成され,それが主要部の移動を受けて発音に関わるレベルで C の位置を占める,という考え方である (Hagstrom 1998).

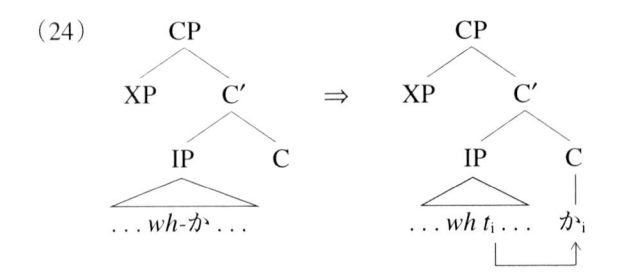

(24)

```
        CP                        CP
       /  \                      /  \
      XP   C'         ⇒         XP   C'
          /  \                      /  \
         IP   C                    IP   C
         /\                        /\   |
      ...wh-か...              ...wh t_i...  か_i
                                             ↑
```

この分析は,現代の日本語でも,WH 要素が「か」と結びついて量化表現「誰か」「何か」などを作る現象と関連づけられる (西垣内 1999, 第 3 章).「現代の」と書いたのは,この分析が古典日本語の WH 構文に部分的に動機づけられているからである.

次の例文を観察してみよう.(用例は Ogawa (1976) による.)

(25) a. しし伏すと たれか このこと 大前に 申す (『日本書紀』)
    b. いつれの 山か 天に 近き   (『竹取物語』)

これらの例文では,「か」が WH 要素とともに現れ,文末の述語が連体形で終わっているものと「係り結び」の関係を形成して,疑問文が成立して

いる．このような分析では，古典日本語と現代日本語の WH 構文の派生は，次のように捉えられる．

(26) a. 古典日本語では「か」の移動が LF で起こる．
b. 現代日本語では「か」の移動が LF 以前（発音に関わるレベル）で起こる．

4.2.4 「局所性」

生成文法によるこの分野に関わる研究の中で指摘されている，日本語の WH 構文の特性のうち，重要なものの1つが「局所性」(locality) である．WH 要素は，疑問要素「か」と呼応してそのスコープが決定されることを見たのだが，その背後には，両者の位置関係に基づく制約が存在する．次の例文を考えてみよう．

(27) a. 鈴木さんは［田中さんが誰に会ったと］言いましたか？
b. 鈴木さんは［田中さんが誰に会ったか］言いましたか？

例文 (27a) では，WH 要素「誰」は，主文（文全体）の末尾の「か」と呼応して，文全体をスコープにしている．その結果，文全体が WH 疑問文として機能し，この疑問文への適切な答えは，WH 要素に値を与えるようなもの，たとえば「小林さんです」である．

他方，(27a) とよく似た文 (27b) は，同じような WH 疑問文としては機能しない．この文の適切な答えは，単に「はい，言いました」または「いいえ，言いませんでした」と答えるようなもので，この文は Yes / No 疑問文として働いている，ということになる．

(27) の2文が平行した形をしているにもかかわらず，このような違いがあるのはどうしてだろう．それは，WH 要素と疑問要素「か」とを結びつけるプロセスに対して「局所性」の効果が働くからである．つまり，(27b) では WH 要素が結びつく相手として，補文の末尾の疑問要素「か」と主文のそれの，2つの可能性がある．しかし，(27b) の解釈が示しているのは，WH 要素が結びつく相手は補文の疑問要素「か」だけであって，これを飛び越えて主文の「か」と結びつくことはできない，ということで

ある．

この特性は，英語などの言語で早くから指摘されていた，「WH の島」の制約（WH-Island condition）を思い出させるものである．

「WH の島」の制約とは，概略，次のように要約できる制約である．

(28) 1 つの WH 要素が移動を受けると，それを越えて他の WH 要素を移動することはできない．

実例をあげてみよう．

(29) a. Who_i did you ask t_i [$what_j$ John had bought t_j]?
b. ??$What_j$ did you know [$where_i$ John had bought t_i t_j]?

この 2 つの文の間には，有意義な文法性の違いがある．(29b) の文法性が低いことに関わっているのが，「WH の島」の制約である．

(29a) では，次のように 2 つの WH 要素がおたがいに関わりあうことなく移動しているので，問題がない．

(30) Who_i did you ask t_i [$what_j$ John had bought t_j]?

他方，(29b) では次のように WH 移動が適用している．

(31) ??$What_j$ did you know [$where_i$ John had bought t_i t_j]?

この「派生」によると，補文の中で where が移動しており，what がそれを飛び越えるかたちで移動している．これが，問題の文の文法性が低いことに深く関わっているのである．

もう一度，日本語の WH 構文を見てみよう．上の (27b) である．

(32) 鈴木さんは [田中さんが誰に会ったか] 言いましたか？

問題は，補文に現れる「誰に」のスコープは補文の中に限られており，文全体の最後の「か」とこの WH 要素を関連させることはできず，したがって文全体は Yes / No 疑問文の意味しか持つことができない，ということであった．

この現象は，補文の「誰に」のスコープが補文の「か」によって限定されており，この「か」を飛び越えて主文の「か」と結びつくことができないと考えれば，英語に関して見た「WH の島」の制約と同じ効果である．さらに，補文の中にもう1つ WH 要素を置いてみると，英語の WH 構文に見られる制約と同じ効果があることがさらにはっきりとわかる．

(33) 鈴木さんは[田中さんが どこで 誰に 会ったか]言いましたか？

この文の補文には，2つの WH 要素が現れている．この2つは，ともに補文の「か」によってそのスコープが限定されており，いずれか一方が補文のスコープ，他方が主文のスコープを取る，などということは許されない．これは，英語の例文(31)の非文法性によって観察した「WH の島」の制約と，同じ効果である．

4.2.5 複合名詞句制約と随伴分析

WH の島と並んで，「下接の条件」の具体的効果として論じられてきたのが「複合名詞句の制約」(Complex NP Constraint: CNPC) である．CNPC の効果は，名詞修飾補文の内部から WH 移動を行うことはできないというものである．

(34) a. *What$_i$ did you see the man who bought t_i?
　　　b. *?Who$_i$ do you resent the allegation that John criticized t_i?

「WH の島」では，日本語の WH 構文は，英語の明示的な WH 移動と同じ特性を示した．しかし，CNPC に関しては事情が違っている．(34) にそのまま対応する日本語の文は，文法性においてなんら問題がない

(35) a. 君は[何を買った人]に会ったの？
　　　b. 君は[太郎が誰を批判した(という)噂]に腹を立てているの？

しかし，(35)のような文が無制限に許されるわけではない．このことなどに着目して，「随伴分析」(Pied-Piping 分析)と呼ばれる分析が提案された．

随伴分析の主張は，(35a)の LF 表示は次のような表示であると考える．

(36) [$_{CP}$ [何$_i$ [t_i を買った] 人]$_j$ [君は t_j に会った] の]

つまり，WH 要素自体は関係節の内部で移動しており，この移動が複合名詞句全体の移動を引き起こす，と考えるのである．

4.2.6 随伴分析を支持する議論

随伴分析のメカニズムとそれを支持する根拠となる議論は，Nishigauchi (1990), 西垣内 (1999) に提出されているが，ここでは，最近の研究の中で指摘されている議論をいくつか見る．

「係り結び」に基づく議論

4.2.3 節で見た日本語の WH 構文の主要部移動による分析の根拠として，現代日本語では，発音される形式で節の末尾に現れて C の位置を占めると考えられる「か」が，古典日本語では，発音される形式において WH 要素に隣接する位置に現れる点があげられた．次の例文を観察してみよう．

(37) [いかようなる こころざし あらむ人に] か あはむ と おぼす
(『竹取物語』)

この文を現代語に訳せば，「あなたはどのような愛を持つ人と結婚しようと思っているのか」というようなものであり，WH 要素「いかよう」は関係節の中に現れている．この文で「か」は，WH 要素あるいはそれを直接含む構成素に付くのではなく，この WH 要素を含む関係節とそれに修飾される名詞句全体に付いて現れている．この時代の日本語で「か」がWH 要素に隣接して発音される，という一般化に即して考えると，この現象は，WH 要素を含む関係節を持つ複合名詞句全体が WH 要素として働くと考える，随伴分析を支持するものと捉えることができる．

もちろん，この現象は，「か」が複合名詞句内部に現れてはならないことを示すものではないが，そのような文が非文法的であるかどうかは，残念ながら『竹取物語』の時代の日本語話者の反応を探る以外に，方法がない．

第4章 日本語の WH 構文　121

　しかし，現代の日本語にも，WH 構文で「係り結び」を用いる方言が存在する．沖縄の首里方言はそのような方言の1つであり，最近の生成文法の研究でも注目されている．

　首里方言では，次の間接疑問文に見られるように，ga という焦点を表す要素が WH 要素といっしょに現れ，疑問文の末尾には ra という終助詞が用いられる．（Sugahara (1996) による．ローマ字表記も Sugahara (1996) に従う．）

(38) a.　wan-ya [Taru-ga　　nuu-**ga**　　　kam-yi-**ra**]
　　　　　I-Top　 Taro-Nom what-Kakari eat-Pres-Musubi

　　　　　shiribusaN
　　　　　want-to-know

　　　　　私は太郎が何を食べるか知りたい
　　b.　wan-ya [taa-ga-**ga**　　　ring　kam-yi-**ra**]
　　　　　I-Top　 who-Nom-Kakari apple eat-Pres-Musubi

　　　　　shiribusaN
　　　　　want-to-know

　　　　　私は誰がりんごを食べるか知りたい

焦点の ga が係り要素であり，節末尾の ra が結び要素となって，「係り結び」が成立する．

　この「係り結び」の関係は，さまざまな局所性の制約に従うことが知られており，CNPC の効果も観察される．次の文は非文法的であるとされる．

(39)　*Taru-ya [[taa-ga-**ga**　　　kak-ta-ru]　　　shimuchi]
　　　　Taro-Top who-Nom-Kakari write-Past-Modal book

　　　　yum-too-**ra**
　　　　read-Prog-Musubi

　　　　太郎は誰が書いた本を読んでいるの？

この文では，係り要素 ga が複合名詞句内部に現れており，結び要素と「係り結び」の関係が CNPC によって阻止されている．

ところが，次の文は文法的であると言う．

(40) Taru-ya [[taa-ga kak-ta-ru] shimuchi]-**ga**
Taro-Top who-Nom write-Past-Modal book-Kakari
yum-too-**ra**
read-Prog-Musubi

太郎は誰が書いた本を読んでいるの？

この文では，係り要素 ga が複合名詞句内部ではなく，複合名詞句全体に隣接する位置に現れており，その意味において上で観察した『竹取物語』の例文 (37) と，構造的に平行している．

つまり，(40) では係り要素 ga が複合名詞句全体に隣接することで，WH 要素に隣接するという条件を満たしているのであり，このことは，WH 要素を含む複合名詞句自体が WH 要素としてふるまうという随伴分析の主張を支持するものである．

現代の標準日本語で，係り要素に相当するふるまいをする語として，次の文に用いられる「いったい」をあげることができる．

(41) 花子は いったい 誰に 会ったの？

「いったい」は，英語の the hell, in the world などのように，WH 要素の答えの値を談話連関 (discourse-linked)，つまり談話の中で前提される値の中から選択する可能性を，キャンセルする働きがあると考えられているが (Pesetsky 1987)，「いったい」は次の文のように「どの」と共起することから，談話連関と関連があるかは明らかでない．

(42) 花子は いったい どの先生に 会ったの？

「どの先生」が使えるのは，何人かの先生が可能な答えとしてあらかじめ前提されていて，その中から値を選択することを求める WH 要素であり，この語と「いったい」が共起するということは，談話連関とは矛盾しない

ことを示している.

「いったい」の意味的機能については，このようにはっきりしたことは言えないが，形式上の機能としては，WH 要素に隣接する位置に現れることが基本である.

(43) いったい 花子は 誰に 会ったの？

は，「いったい」が「かきまぜ」によって文頭に移動したものと考えられる．この移動はかなり「距離」が限定されており，「いったい」が補文を越えて主文の先頭の位置に移動した (44) では，「いったい」を「誰」と結びつけて解釈することは難しい．

(44) ??いったい$_i$ 花子は [太郎が t_i 誰に 会ったと] 言ったの？

次の例が示すように，「いったい」が複合名詞句内部に現れると，文法性が低くなる．

(45) ??太郎は [[花子が いったい 誰に 書いた] 手紙] を読んだの？

しかし，「いったい」は次の例が示すように，複合名詞句全体に隣接する位置には現れることができる．

(46) 太郎は いったい [[花子が 誰に 書いた] 手紙] を読んだの？

この現象も，WH 要素を含む複合名詞句全体が WH 要素としてふるまっていることの証拠と考えることができる．

複合名詞句内部でのスコープ

ここまで，随伴分析の主張の 1 つの側面である，WH 要素を含む複合名詞句はそれ自体が WH 要素としてふるまう，というポイントを支持する現象として，「係り結び」に関わる議論を見てきたのだが，随伴分析の主張にはもう 1 つ重要なポイントがある．それは，随伴分析のメカニズムが成り立つためには，複合名詞句内部に現れる WH が，関係節など複合名詞句を修飾する節の内部で広いスコープを取らなければならない，ということである．このような複合名詞句の中で WH 要素が現れる節のことを，

C(WH) と呼ぶことにする．

次の例文が示すように，C(WH) の中で広いスコープを取ることが可能であれば，WH 要素が C(WH) の中で，さらに補文の内部に現れていても差し障りはない．

(47) 花子は［太郎が［誰が 書いたと］言った 本］を 読んだの？

この文では，WH 要素が補文の中に現れているが，「言う」という動詞は，その補文の内部から WH 要素のスコープが広がることを妨げないので，C(WH) の中で広いスコープを取り，文全体として WH 疑問文として機能する．

これと比較して，次の文を考えてみよう．

(48) 花子は［太郎が［誰が 書いたか］知りたがった 本］を 読んだの？

この文は WH 疑問文として解釈することは不可能で，Yes / No 疑問文としてのみ機能する．(48) では，C(WH) 内部で WH 要素のスコープが「WH の島」の効果によって限定され，WH 要素もそれを含む C(WH) も，文全体にスコープを及ぼすことができない．このため，(48b) は Yes / No 疑問文の解釈しかないのである．

次の例文も同様に，Yes / No 疑問文としてしか解釈することができない．

(49) 花子は［みんなが［太郎が 誰に あげたか］知りたがった 本］を 読んだの？

補文内部の WH 要素は，そのスコープが「WH の島」の効果によって限定され，C(WH) 内部で広いスコープを取ることができないので，文全体は Yes / No 疑問文としてのみ解釈される．

次の例は，(49) の C(WH) 内部の WH 要素を，C(WH) 内で「かきまぜ」により移動したものである．

(50) 花子は［誰に$_i$ みんなが［太郎が t_i あげたか］知りたがった 本］を 読んだの？

この文は，(49) と比較して，WH 疑問文として解釈しやすい．これは，C(WH) 内部での「かきまぜ」によって，WH 要素が C(WH) 内部で広いスコープを取ることを助けていることによる．

(50) が WH 疑問文として文法性が高いことの原因を考えるために，次の文を見てみよう．

(51) a. みんなは［太郎が 誰に その本を あげたか］知りたがったの？
b. 誰に$_i$ みんなは［太郎が t_i その本を あげたか］知りたがったの？

(51a) では，WH 要素「誰」のスコープが「WH の島」の効果のために補文内部に限定され，その結果，文全体としては Yes / No 疑問文としてしか解釈できない．しかし，(51b) では，WH 要素が「かきまぜ」によって文頭に移動されたことによって，文全体が WH 疑問文として解釈できるようになる．

(50) の WH 要素が C(WH) 内部で広いスコープを取って，文全体が WH 疑問文として解釈できる可能性と，(51b) が WH 疑問文として解釈できる可能性との間に，重要な対応関係があるのである．WH 要素の「かきまぜ」が WH 要素のスコープに影響を与える現象については，後の節でもう一度考える．

C(WH) 内部の追加-WH の効果

これまで，WH 要素を含む複合名詞句が WH 要素としてふるまうためには，C(WH) 内部の WH 要素が C(WH) 内で広いスコープを取る必要があることを見たのだが，次の文の対比を考えてみよう．

(52) a. *?花子は［太郎が［誰が 書いたか どうか］次郎に 教えた本］を 読んだの？
b. 花子は［太郎が［誰が 書いたか どうか］誰に 教えた本］を 読んだの？

これは，C(WH) 内部でも「追加-WH の効果」(additional-WH effect)

が見られることを示している．(52a) では，WH 要素が「かどうか」による「WH の島」の効果のために C(WH) 内部で広いスコープを取れないことから，C(WH) が WH 要素としてふるまうことが許されないが，(52b) では，C(WH) の 1 つ上の節にある「誰」の存在によって，「WH の島」内部の WH 要素が広いスコープを取ることができる．そのことによって，(52b) は「A が書いたかどうか B に教えた本です」のような答えが可能になっているのである．

「追加-WH の効果」とは何だろう？ これは，主文に WH 要素が加わると補文内の WH 要素を含む「WH の島」の効果が緩和される，という現象である (Watanabe 1992)．この効果は，次の例文によって示される．

(53) a. *?太郎は [花子が何を買ったかどうか] 次郎に教えたの？
　　 b. 太郎は [花子が何を買ったかどうか] 誰に教えたの？

Watanabe の分析では，日本語の WH 構文でも，LF 派生以前の発音される形式に関わるレベルでも，なんらかの WH 移動が起こると考える．(53b) では，主文の「誰」に付いたWH の素性を持つ演算子 (Op) が，LF 以前に移動を受ける．

(54) [Op$_i$ [太郎は [花子が何を買ったかどうか] [t_i 誰] に教えた] の]？

次に補文の WH 要素が LF で移動を受けるが，Watanabe は，LF では「WH の島」の効果が関与せず，主文の C と結びつく位置に移動されても問題がないと考えている．他方，(53a) では，LF 以前の派生でWH 移動を起こすためには，補文の中の「何」についた WH 素性を持つ空要素を動かす以外に，方法がない．これは「WH の島」の違反である．

ただし，この分析が成り立つためには，日本語でも LF 以前に WH 移動が必ず適用しなければならない，と規定しなければならない．このように規定しなければ，(53a) で違反を起こしている WH 要素の移動が LF で起こることを妨げることができないので，この文の非文法性を説明できないのである．

Watanabe の分析は，「最小遵守の原則」(Principle of Minimal Compliance) と精神において近いものである (Richards 2001).

(55) 「最小遵守の原則」: 独立しては許容されない依存関係が, 同じ構造の中に文法的に許容される依存関係が存在することによって救われる.

これによると, (53b) の, 独立しては許容されない「何」を含む依存関係が, 文法的に許容される依存関係, つまり主文の「誰」を含むものの存在によって救われている.

(55) の考え方によると, WH 移動が LF 以前に起こらなければならないという規定をする必要がない, という意味で, より自然な分析と言える.

随伴分析に焦点を戻すと, (52) の対比は (53) と同じ対比を示すことがわかる (例文 (52) 再録).

(52) a. *?花子は [太郎が [誰が 書いたか どうか] 次郎に 教えた 本] を 読んだの?
b. 花子は [太郎が [誰が 書いたか どうか] 誰に 教えた 本] を 読んだの?

つまり, (52a) は C(WH) 内部の WH 要素が「WH の島」の効果を示すのに対し, (52b) では, C(WH) 内部の主文にある WH 要素「誰」の存在がこの制約の効果を緩和し, その結果, C(WH) 内の補文に現れる WH 要素が C(WH) 内で広いスコープを取ることを助けている.

4.2.7 まとめ

この節では, 日本語の WH 構文が一見して CNPC に違反していると思われるふるまいを説明するために提案された随伴分析に関して, 最近の研究の中で提出されたいくつかの, 同分析を支持する議論を見てきた. これらの議論は, (i) WH を含む大きな句自体が WH 要素として機能する, (ii) C(WH) 内部で WH 要素が広いスコープを取らなければならない, という両側面についての考察が必要であり, 実際に展開されているのである.

4.3 「かきまぜ」と再構成

本書の第2章で,「かきまぜ」に関するさまざまな問題を考えた.「かきまぜ」には移動規則としての性質があることを見たうえで,より特定的にどのような移動規則としての特性があるのかを論じた.

以下の節では,英語のWH移動を代表とする前置現象についてなされた研究のいくつかに言及しながら,日本語の「かきまぜ」がLFでの再構成に関わるいくつかの現象を観察していく.

4.3.1 補部 vs. 付加詞

日本語の「かきまぜ」に関連して,束縛条件Cに関わる次の文を考えてみよう.

(56) a. ??[マサオ$_i$の先生]$_j$を 彼$_i$が t_j 一番尊敬している(こと)
    b. [マサオ$_i$に 音韻論を 教えた 先生]$_j$を 彼$_i$が t_j 一番尊敬している(こと)

これらの例文では,前置された要素はいずれも,短距離の「かきまぜ」を受けたものである.しかし,(56b)で「マサオ」と「彼」が同じ指示を持つとする解釈は自然だが,(56a)では,この解釈はまったく不可能とは言えないが,受け容れにくいと感じる話者が多い.

同様の現象は,英語の前置詞句の前置や,WH移動に伴う現象にも見られる.

(57) a. *In Ben$_i$'s box, he$_i$ put his CDs.
    b. In the box that Ben$_i$ brought from China, he$_i$ put his CDs.
(58) a. *Which picture of Bill$_i$ does he$_i$ like best?
    b. Which picture that Bill$_i$ took in Hawaii does he$_i$ like best?

このような対比は1970年代から気づかれており,さまざまなアプローチを生み出す契機にもなっているのだが,おおむね次の一般化によって要約されるものである (Saito 1992).

(59) R表現が移動される構成素の中で「十分に深く」埋め込まれて

いなければ，移動に伴う R 表現が代名詞の先行詞となることは許されない．

上の (56)–(58) の各 b. に共通しているのは，先行詞となる R 表現が，移動を受ける構成素の中で，さらに関係節の一部として埋め込まれているということである．同様の観察は，Reinhart (1976), Riemsdijk and Williams (1981) などにも見られる．

この問題に対して，異なった角度からの考察がある．Lebeaux (1991) によると，前置される構成素に伴う NP が代名詞に対する先行詞になれるかということと，埋め込みの「深さ」とは直接関係がないとし，次のような例の間の対比を示している．

(60) a. Which report that John$_i$ revised did he$_i$ submit t?
 b. *Which report that John$_i$ was incompetent did he$_i$ submit t?
(61) a. Which pictures near John$_i$ did he$_i$ look at t?
 b. *Which pictures of John$_i$ did he$_i$ like t?
(62) a. Whose examination (paper) near John$_i$ did he$_i$ peek at t?
 b. *Whose examination of John$_i$ did he$_i$ fear t?

(60) では，(a), (b) いずれの文でも John が，前置された構成素の中で that 節の中に埋め込まれている．(61), (62) では John がいずれの文でも，主要部名詞の後の前置詞句の一部として現れている．一見したところ，これらのペアの間で，「埋め込みの深さ」に関する差異は明確ではない．にもかかわらず，これらのペアの間には，代名詞との同一指示に関わる容認性の違いがかなりはっきり認められる．それはなぜだろう．

Lebeaux は，その答えは，補部であるか付加詞であるかの対比だと言う．(60a) では that 節が関係節であるのに対し，(60b) の that 節は，主要部名詞 report の補部である．主要部名詞の補部は構成素全体の中で不可欠の要素なので，少なくとも構成素全体が WH 移動を受ける時点では，構造の中に存在していなければならない．それに対し，(60a) では that 節は関係節であり，補部ではない．関係節は構造的にも，主要部の投射に付加されると考えるのが一般的である．

(63)
```
        DP
       /  \
      DP   CP
           △
          that ...
```

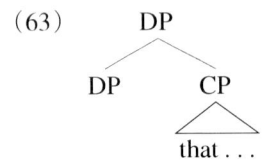

　また，意味的にも関係節は，主要部の内容を説明するような不可欠の役割を果たしているのではなく，いくつかあるレポートの中の下位集合を指定するような役目を持っている．

　(61), (62) の対比についても，同じようなことが言える．picture of X, examination of X のような表現で，X は絵や検査の内容や対象を表しているという点で主要部の補部をなし，意味的にも不可欠であるが，picture near X, examination (paper) near X での X は，内容や対象ではなく，いくつかある絵や検査(書類)の中のどれ，という指定をする働きをしている．したがって，後者は付加詞である．

　Lebeaux は，現在のミニマリズムで一般的に採られている「融合」(merge) によって構造が組み立てられる過程に関連づけて，(60)–(62) の対比を説明する．(この方法は Chomsky (1993) でも採用されている．)

　このような枠組みでは，融合によって構造が組み立てられるが，移動 (move) が起こる以前に付加詞が融合されている必要はない，と考えるのである．移動が起こった後で付加詞が融合されたと考えると，このような文の派生のどの点においても，束縛理論の違反は起こらない．したがって，代名詞を含む同一指示の関係が容認性が高い事実が説明できる．以上の派生を図解すると，以下のようになる．

(64)　一連の融合を経て：
　　　he (did) submit which report
　　　移動：
　　　[which report]$_j$ did he submit t_j
　　　付加要素を融合：
　　　[[which report] that John$_i$ revised]$_j$ did he$_i$ submit t_j

このように，前置された構成素の内部の名詞句が代名詞の先行詞となるた

めの条件として，その名詞句が付加詞の一部でなければならないという条件は，日本語にも当てはまる．

(65) a. 山田さん$_i$の祖先についての 論文を 彼$_i$が批評することになった(こと)
b. 山田さん$_i$への 招待状を 彼$_i$が受け取らなかった(こと)

これらの例では，「X について」「X へ」という付加要素の中に，代名詞の先行詞となろうとする名詞句が含まれている．上の例文 (56a) も，完全に悪いとは言えないもので，文法性の判断として "??" がついている (Saito (1992) による) が，これは日本語の属格(「の」でマークされた) 名詞句に，一般的に付加詞としての性質があるためなのかもしれない．

4.3.2 指示的 vs. 非指示的

もう1つ，前置した構成素内の名詞句が代名詞の先行詞となる可能性を左右する要因として，前置した構成素が「指示的」(referential) であるか，「非指示的」(non-referential) であるか，という区別に注目している研究がある (Heycock 1995)．

従来の研究では，R 表現を含む構成素の前置と条件 C との関わりで重要な要因と考えられていたものの1つとして，述語 (predicate) であるかどうかという区別があった (Barss 1986, 1988; Huang 1993)．次の対比を考えてみよう．

(66) a. [Which allegations about John$_i$]$_j$ do you think he$_i$ will deny t_j?
b. *[How proud of John$_i$]$_j$ do you think he$_i$ is t_j?

(66b) の how proud... は述語であり，proud 以下の要素は述語として適正な解釈を受けるために，補文の be の補部の位置に再構成される必要がある．

(67) [How] do you think he$_i$ is [proud of John$_i$]?

しかしこの構造では，John が代名詞 he に c 統御されるので，束縛条件

C の違反になる．一方，(66a) では前置された構成素は述語ではなく，このような要求はないので，再構成は義務的ではなく，前置された位置で解釈される可能性がある．この位置では束縛条件 C の違反は起こらないので，(66a) では表示どおりの同一指標が許される．

　また，Huang (1993) の分析は，「述語内主語仮説」を積極的に用いて，述語である proud of John という句には空範疇の主語があると考える．すると (66b) には次の構造が含まれる．

　　(68)　…e proud of John

この述語表現の主語の位置にある e は，John と異なった指標を持たなければ束縛条件 C の違反となる．しかし e の指標は he と同じでなければならないから，必然的に he ≠ John となる．この分析を取れば，(66b) の非文法性は，再構成の有無とは直接関係なく説明されることになる．

　(66a, b) のこのような対比が，前置された要素が述語であるかどうかが前置された要素に含まれる R 表現と代名詞との同一指標が可能かどうかの決め手になる，と考える根拠である．しかし，述語であるかどうかの区別では，次の例文の対比は説明できない．

　　(69)　a.　[Which stories about Diana$_i$]$_j$ did she$_i$ most object to t_j?
　　　　　b.　*[How many stories about Diana$_i$]$_j$ is she$_i$ likely to invent t_j?

これらの前置された構成素は，いずれも述語とは言えず，(69b) の非文法性をこの区別に基づいて説明することができない．また，前置された構成素に含まれる NP が補部であるか付加詞であるかについても，違いが見いだせないので，前節で見た区別に基づく分析でも，(69) の対比は説明できない．(Heycock (1995) は，about を主部とする PP は付加詞であると考えている．) さらに，Huang (1993) の分析のように，stories を主要部とする句の主語位置に空範疇を仮定しても，この対比は説明できない．

　(69a, b) の対比に関わる要因は，指示性 (referentiality) に基づく区別であると考えられる．(69a) では，which はある stories の集合の存在を前提する限定表現であり，それらの中のどれ，とたずねているもので，d-

linked すなわち「談話連関」的に用いられるものである (Pesetsky 1987).
さらに,主文の述語 object to という表現も,目的語が指すものの集合の存在を前提する働きがある.これらの2つの要因が働きあって,(69a) の which stories は指示的に用いられると考えられる.それと比較して,(69b) の how many stories には which のような談話連関性はないし,述語表現の likely to invent X は,X も,X の属する集合の存在も前提としない.むしろ,これから存在するかもしれない,と言っているにすぎないのである.

　この分析では,(69b) のように,前置された構成素が非指示的な働きを持っているときには,その構成素は再構成を受け,次のように目的語の位置で解釈を受けると考える.

　(70)　[How many]$_j$ is she$_i$ likely to invent [t_j stories about Diana$_i$]?

この構造では,Diana が主文の主語 she によって c 統御されているので,束縛条件 C の違反となる.

　Heycock の分析の背後にある考え方は,WH 要素は不定名詞句と本質的に同じであり,非指示的に用いられているときは VP 内部で解釈されなければならないという,第2章で概観した Diesing (1992) の不定名詞句の分析に通ずるものである.VP 内部で解釈されるためには,WH 要素はもとの位置で再構成される必要があるのである.

　この分析によると,(66a, b) の区別も,指示性に関わるものであって,(66b) の述語は非指示的な表現であるために,再構成が義務的になるのだと考える.

　前節の終わりで指摘したように,日本語では前置された構成素に含まれる「Xの」つまり属格表現は,付加詞としての性格が強いように思われるので,英語におけるほどはっきりとした区別は観察できない.しかし,次の例文には (69) で見たものに近い対比があり,(71b) での支配的な解釈は,写真を撮りたがっているのが花子以外の女性であると思われる.

　(71)　a.　[花子$_i$ のどの卒業写真]$_j$ を 彼女$_i$ が t_j ホームページに載せたがっているの？

b. ??[花子$_i$ のどんな卒業写真]$_j$ を 彼女$_i$ が t_j ハワイで撮りたがっているの？

(71a) では，卒業写真の集合の存在が前提とされ，花子がそれらのうちのどれをホームページに載せたがっているのかが問題であるが，(71b) では卒業写真はまだ存在しないと考えるのが普通で，後者の前置された構成素は非指示的である．したがって，Heycock の分析に従うと，(71b) は次のように義務的な再構成を受けることになる．

(72) [どんな$_j$] 彼女$_i$ が 花子$_i$ の t_j 卒業写真を ハワイで撮りたがっているの？

この表示では，代名詞が「花子」を c 統御する位置にあり，両者に同一指標を与えると束縛条件 C の違反となる．

4.3.3 How many?

Heycock (1995) はさらに，how many を含む文の持つ，数量に関わる意味の細やかな側面について考察している．まず，次の例文を考えてみよう．

(73) How many people did she decide to hire?

この文には，2 つのはっきりと異なる理解のしかたがある．1 つの解釈は非指示的なもので，この疑問文が問題にしているのは「人数」である．この解釈では，(73) は，ある経営者の雇用計画をたずねている文と理解できる．もう 1 つの解釈では，この文の話者は「彼女」が雇うことを決めた人の集合の存在を前提し，その人たちが何人いるかをたずねていると理解できる．後者の解釈では，how many は指示的に用いられている．

この区別に基づいて，次の文を対比してみよう．

(74) a. *[How many stories about Diana$_i$]$_j$ is she$_i$ likely to invent t_j?
b. ?[How many stories about Diana$_i$]$_j$ was she$_i$ really upset by t_j?

(74a) では，likely to invent という述語の意味からも stories の集合は前提されておらず，疑問文は stories の「数」を問題にする．このようなとき，前置された構成素は非指示的であり，仮説によって再構成が義務的となる．

(75) *how many$_j$ [is she$_i$ likely to invent [t_j stories about Diana$_i$]]

この表示は束縛条件 C の違反を含んでいるので，(74a) には同一指標の解釈が許されないことが説明される．他方，(74b) では，be upset by という述語表現が，stories の集合の存在を前提していると考えられるので，指示性が高く，再構成は義務的にならない．(74b) の文法判断が "?" となっているのは，how many の表現が，which などと比較すると指示性が低いことによると思われる．

　同じ現象は，日本語でも観察できる．

(76) 山田先生が 何人の学生を 大学院に 行かせたがっているの？

この文は，上の英語の how many を含む文が示す 2 つの解釈を持っている．1 つの解釈では，山田先生が今学年の努力目標として大学院に行かせる学生の数を設定し，その数が何人なのか，とたずねている．もう 1 つの解釈では，話者のイメージの中に山田先生が大学院に進学を薦めそうな学生の集合があり（おそらくその名前をあげることができる），そのような学生が何人なのかをたずねている．前者の解釈は非指示的，後者は指示的である．

　このことを頭において，次の日本語の文を考えてみよう．

(77) [山田先生$_i$のクラスの 何人の学生]$_j$を 彼女$_i$が t_j 大学院に 行かせたがっているの？

この文で，与えられた同一指標の解釈が成り立つのは，(76) の解釈のうちの指示的な解釈のものでなければならない．この文に非指示的な解釈が許されないことは，非指示性と再構成の間の相関関係を証明していることになる．

　この分析が正しいことは，日本語のデータを使って，違った角度から示

すことができる．それは，本書の第2章，第3章で扱った，数量詞遊離（Quantifier Floating: QF）が意味に及ぼす影響に関するものである．Nishigauchi and Uchibori（1992）などが示しているように，QF が適用すると，それが関連する量化表現が非指示的になるのである．(76) に QF を適用した次の例を考えてみよう．

(78) 山田先生が 学生を 大学院に 何人 行かせたがっているの？

この文には，山田先生が進学を薦めそうな学生の集合を前提する読みはなく，山田先生の努力目標である人数だけを問題にした，非指示的解釈のみが可能である．

ここで，次の例文を考えてみよう．

(79) *[山田先生$_i$ の クラスの 学生]$_j$ を 彼女$_i$ が t_j 大学院に 何人 行かせたがっているの？

この文ではQFが適用して，数量詞が関わる表現が非指示的になっている．したがって，我々の仮説ではLFでの再構成が義務的になる．しかし，再構成が起こると「山田先生」が代名詞「彼女」に c 統御される位置に置かれるので，束縛条件 C の違反になる．

したがって，日本語のQFを含む文は，非指示性と再構成の義務性の相関関係を示す議論を提出してくれるのである．

4.3.4 「意味論的に空虚な移動」

4.2.1 で見たように，日本語の WH 構文の基本的な性質の中で，WH 要素と疑問文を形成する補文辞（C）「か」との間の関係が，重要な役割を果たしている．

次の例の対比が示すように，日本語の WH 構文で，WH 要素と疑問を示す補文辞「か」の間には，位置関係に関する制約がある．

(80) a. [花子が マサオに [誰が来るか] 教えた]（こと）
　　　b. *[花子が 誰に [マサオが来るか] 教えた]（こと）

例文（80b）では，「誰」が「か」と呼応して間接 WH 疑問文を作ること

はできない．本章で仮定した LF での WH 移動を適用し，WH 要素を「か」を含む CP の指定部に移動すると，これらの文は次のような LF に導かれる．

(81) a. ［花子が マサオに ［$_{CP}$ 誰$_i$ ［$_{IP}$ t_i（が）来る］か］教えた］（こと）
b. *［花子が t_i に ［$_{CP}$ 誰$_i$ ［$_{IP}$ マサオが 来る］か］教えた］（こと）

(81a) では，「誰」の移動によってできた痕跡 t_i が前者によって c 統御されているが，LF (81b) では，WH 移動によってできた痕跡が，CP の指定部へ移動した WH 要素による c 統御を受けないことになる．構造を明示するために，(81b) の VP 部分だけを標準的な樹形図で示してみよう．

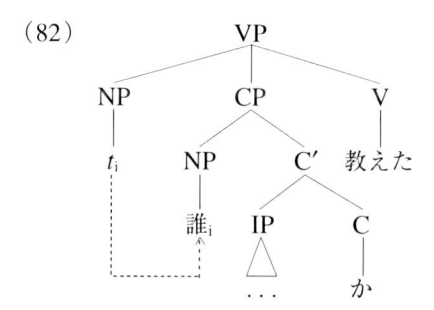

(82)
```
           VP
      ┌────┼────┐
     NP   CP    V
      |  ┌─┴─┐  |
     t_i NP  C' 教えた
         |  ┌┴┐
        誰_i IP C
            △ |
            … か
```

この構造では，WH 要素はその痕跡を c 統御していないのである．これは，May (1977) などによって定義された，「適正束縛の条件」(Proper Binding Condition) の違反にあたるもので，(80b) の非文法性をこの条件で説明することができる．

(83) 適正束縛の条件： 痕跡はその先行詞によって束縛されなければならない．

この観点から，次の例文を考えてみよう．

(84) どの本$_i$ を マサオが ［花子が t_i 図書館から 借り出したか］覚えている（こと） （Saito 1992）

けっして座りのよい文ではないが，非文法的とは言えない文である．この文で，WH 要素「どの本」が LF で補文の CP 指定部に移動すると考え

ると，その移動によってできた痕跡は移動後の WH 要素を c 統御することになり，「適正束縛」の違反となるはずである．にもかかわらず (84) が容認可能なのは，「かきまぜ」を受けた「どの本」が，LF で補文内の目的語の位置に戻されるからだと考えられる．つまり，(84) の解釈は，LF のレベルで「どの本」が補文内に戻された次のような構造が対象になる，と考えるのである．

(85) マサオが [花子が どの本を 図書館から 借り出したか] 覚えている (こと)

このような考察から，(84) に見られる「かきまぜ」を，Saito (1992) は「意味論的に空虚な移動」(semantically vacuous movement) と呼んだ．(Saito (1992) は，(85) において「どの本」が補文の位置に戻されるときに，文頭の位置に痕跡を残すことはないと考えている．痕跡は，独立した動機づけがあるときにのみ生み出されるものだからである．)

4.3.5　束縛と再構成

前節で見た「かきまぜ」は，移動先よりもむしろ移動元の位置が関わっているという意味で，「意味論的に空虚」なのだが，移動が起こらなかったのと同じ，という意味で空虚な移動と考えるのは誤りである．束縛の現象などを観察の対象に入れると，(84) に見られる「かきまぜ」が，意味論的に空虚とは言えないことがわかる．

次の例文を考えてみよう．

(86) [自分自身$_i$ のどの写真を]$_j$ 直美$_i$ が [マサオが t_j 一番気に入ったか] 知りたがっている (こと)

これも座りのよい文ではないが，非文法的とも言えない文である．この文について注目すべきなのは，前置された WH 要素の一部である「自分自身」が主文の主語「直美」を指している解釈が，補文の主語「マサオ」を指す解釈とともに可能 (この文が容認できるためには，この解釈が可能でなければならない) ということである．

もし，前節で見た，補文の疑問節を越えて，主文に付加されるかたちで

適用した「かきまぜ」を「意味論的に空虚な移動」と捉えるなら，(86) の前置された WH 要素は，LF でそのまま補文の目的語の位置に「戻される」(undone) ことになる．その場合に得られる LF の表示は，次のようなものである．

(87) 直美$_i$ が [マサオ$_k$ が自分自身$_{k,i}$のどの写真を 一番気に入ったか] 知りたがっている(こと)

しかし，このような構造はそのままでは，「自分自身」が補文内で「マサオ」による束縛を受けることができても，主文の「直美」による束縛を受けることができない．(86) の「自分自身」が主文の主語による束縛を受けるのは，移動して前置された WH 要素が補文の「端」(edge) の位置で再構成され，解釈を受けるときである．

この補文の「端」の位置とは，本章で見た WH 要素が認可される CP の指定部であると考えると，(86) は次のような LF を得ることになる．

(88) 直美$_i$ が [$_{CP}$ [自分自身$_i$のどの写真を]$_j$ [$_{IP}$ マサオが t_j 一番気に入った] か] 知りたがっている(こと)

この構造では，「自分自身」の束縛と WH 要素の認可の両方が満たされ，求められる解釈のもとで文の容認性が説明される．

(86) には，もう1つ，「自分自身」が補文の「マサオ」によって束縛される解釈も存在する．この解釈はおおむね，(87) のような LF に関連すると考えられるが，この表示では，WH 要素の認可がどのようになされるのか明らかでない．

Chomsky (1993) に従って，LF のレベルでは移動を受けた句表現とその痕跡はたがいのコピーであると考え，それぞれの位置で意味に貢献する，と考えてみよう (⇒ 2.6)．この分析では，(86) の LF 表示は次のようなものと考えられる．

(89) [自分自身のどの写真を] 直美$_i$ が [[自分自身のどの写真を] [マサオが [自分自身のどの写真を] 一番気に入った] か] 知りたがっている(こと)

このようにしてできたコピーのそれぞれが，LF で意味解釈に貢献する．

次の表示は，(88) の表示に相当するものである．(打ち消し線は束縛と WH の解釈に関与しない部分を示す．)

(90)　[自分自身のどの写真を] 直美ᵢ が [[~~自分自身のどの写真を~~] [マサオが [~~自分自身のどの写真を~~] 一番気に入った] か] 知りたがっている(こと)

もう1つの，「自分自身」が「マサオ」と同一指標を持つ解釈は，次の表示によって表される．

(91)　[~~自分自身のどの写真を~~] 直美ᵢ が [[~~自分自身のどの写真を~~] [マサオが [自分自身のどの写真を] 一番気に入った] か] 知りたがっている(こと)

この表示は次の表示と同じである．

(92)　直美ᵢ が [_CP_ どのⱼ [_IP_ マサオₖ が 自分自身ₖ の t_j 写真を 一番気に入った] か] 知りたがっている(こと)

WH 要素「どの」は WH の素性を満たすために，「か」を主要部とする CP 指定部にあることが要求される．したがって，補文が疑問文の意味を持ち，かつ「自分自身」が補文の主語「マサオ」に束縛される位置にあるために，(91) のように，前置された要素のコピーがそれぞれの位置で関与する要素を提供するのである．

このように，(84) に見られる WH 要素の「かきまぜ」は，WH 要素の認可という点だけに限って言えば，移動前の位置に戻される(そして，その後 CP 指定部へ動く)必要性を示すという意味で，「意味論的に空虚な移動」と言えるのだが，それに付随する束縛現象などを考えると，この種の「かきまぜ」が適用すれば，それが適用しなかった構造では得られないさまざまな意味解釈の可能性が広がるのであり，その意味では「意味論的に空虚」とは言えない．

この考察のもう1つの重要な帰結は，束縛現象が，LF での再構成を受けた構造に基づいてチェックされることが示されたということである．こ

れは，束縛理論が LF で適用するという主張への，積極的な議論を形成することになる．

4.3.6 スコープと束縛の対応

次の例は，WH 要素を「かきまぜ」で移動すると，WH 要素のスコープに変化が起こることを示している (Takahashi 1993)．

(93) a. 佐藤君は［鈴木君が 何を 食べたか］覚えていますか？
b. 何$_i$を 佐藤君は［鈴木君が t_i 食べたか］覚えていますか？

これらの例文については，話者によって解釈のしかたの違いがあるようである．Takahashi (1993) は，WH 要素が補文の中にある (93a) は，Yes / No 疑問文としての解釈と WH 疑問文としての解釈の両方があり，WH 要素が主文の先頭に「かきまぜ」で移動された (93b) は，WH 疑問文の解釈のみを許すとしている．

別の話者の判断によると，(93a) では WH 要素のスコープは補文に限定され，文全体は Yes / No 疑問文としてのみ解釈される．他方，WH 要素が主文の先頭に「かきまぜ」で移動された (93b) では，文全体を WH 疑問文とする解釈も，Yes / No 疑問文とする解釈も可能である．

(93a) に多義性を認める話者は，(93b) に WH 疑問文の解釈のみがあると認識する(グループ A) が，(93a) が Yes / No 疑問文としてのみ解釈できるとする話者は (93b) に多義性を認める(グループ B)，という一貫した関係が存在するようである．ただし，この文法判断に関する話者の区別は，あまり強いものではなく，下で見ていくように，統語的なコントロール要因に左右される．また，Deguchi and Kitagawa (2002), Ishihara (2000) は，プロソディがスコープの解釈に影響を与えるという主張をしている．

例文 (94a) では，補文の「かどうか」のために「WH の島」の効果が見られるが，WH 要素が文頭に移動された (94b) では，この効果が緩和されている．（この文法性の表示は，上のグループ B によるものである．グループ A の話者には (94a, b) の間に文法性の差異はなく，いずれも文

法的と判断されると考えられる.)

(94) a. ??佐藤君は［鈴木君が 何を 食べたかどうか］覚えていますか？
b. ?何$_i$を 佐藤君は［鈴木君が t_i 食べたかどうか］覚えていますか？

これは,「かきまぜ」で移動したWH要素が主文のCと結びつくことが可能となるためと考えられる.

このことを頭において，次の例文を考えてみよう.

(95) a. 花子$_i$は［マサオ$_j$が 自分自身$_{j,*i}$のどの写真を 一番気に入っているか］知りたがっているの？
b. ［自分自身$_{i,j}$のどの写真］$_k$を 花子$_i$は［マサオ$_j$が t_k 一番気に入っているか］知りたがっているの？

(95a)では，WH要素のスコープは補文の中に限定され，また照応形「自分自身」の先行詞も補文の主語「マサオ」でなければならない．それに対比して(95b)では，WH要素のスコープは補文の中でもありえるし，文全体でもありえる．前者の場合は，文全体はYes/No疑問文であるし，後者の場合は，文全体がWH疑問文である．また，そのそれぞれのスコープにおいて，「自分自身」も「花子」「マサオ」のいずれによる束縛も可能であり，上で述べたグループA, グループBの話者に共通して，論理的にありえる4つの解釈がすべて実現する.

(96) (95b)の解釈

	疑問文の解釈	「自分自身」の束縛
A	Yes/No 疑問文	花子
B	Yes/No 疑問文	マサオ
C	WH 疑問文	花子
D	WH 疑問文	マサオ

(96)の表A, Bの解釈はいずれも，WH要素が補文の端（edge）すなわち

CP指定部で再構成されるLF表示に関連している．Aの解釈は，「自分自身」も補文の端で束縛が決定される，次の表示に関連づけられる．

(97) [自分自身のどの写真]を 花子ᵢは [自分自身のどの写真]を [マサオⱼが [自分自身のどの写真]を一番気に入っているか] 知りたがっているの？

Bの解釈は，WH要素が補文の端で解釈に関わり，照応形が補文の目的語の位置で解釈される表示に関連づけられる．

(98) [自分自身のどの写真]を 花子ᵢは [自分自身のどの写真]を [マサオⱼが [自分自身のどの写真]を一番気に入っているか] 知りたがっているの？

Dの解釈は，補文が「かどうか」の意味を持ち，WH要素が主文のCP指定部で，照応形を含む残りの部分が補文の目的語の位置で再構成されたときに得られる．

(99) [自分自身のどの写真]を 花子ᵢは [自分自身のどの写真]を [マサオⱼが [自分自身のどの写真]を一番気に入っているか] 知りたがっているの？

さて，Cの解釈だが，これは理論的に興味深い帰結を持った現象である．それは，LFでの再構成は，LF以前の派生の中で起こった移動で作られた痕跡(コピー)の位置で起こる，と一般に考えられるからである．一方，もし，文全体をWH疑問文とする(96)のC, Dの解釈では，(95b)が英語におけるWH移動と同じ理由による移動によってもたらされたものであるとすれば，補文のCP指定部は「かどうか」と同じ意味・機能を持っているため，WH要素はこの位置を経由して移動したのではないという可能性がある．

(100) [...WH...]ᵢ...[$_{CP}$...t_i...か]

この場合，中間位置に痕跡はできない．

他方，(95b)が，「かきまぜ」が継続的に起こってもたらされたもので

あるという可能性もある．その場合の派生は，次のようなステップをふむことになる．

(101)　　［．．．WH．．．］$_i$．．．［$_{IP}$ t'_i ［$_{IP}$．．．t_i．．．］］ か

この場合，補文の端（この場合は IP に付加される位置）に中間痕跡が作られる．

(95b) には C の解釈がたしかに存在するのであり，この解釈を説明するためには，次の LF 表示のように，中間の位置でのコピーの中の「自分自身」が解釈に関与すると考える必要がある．

(102)　　[自分自身のどの写真]を 花子$_i$ は [自分自身のどの写真] を [マサオ$_j$ が [自分自身のどの写真]を 一番気に入っているか] 知りたがっているの？

(95b) に，(102) で示されるような束縛関係が存在することは，次の，(95b) に「かどうか」を使った例文を観察しても確認できる．

(103)　?[自分自身$_{i,j}$ のどの写真]$_k$ を 花子$_i$ は [マサオ$_j$ が t_k 一番気に入っているかどうか] 知りたがっているの？

この文は，文全体としては WH 疑問文の解釈しか許さないが，「自分自身」の解釈は「花子」「マサオ」のいずれも可能である．このように，(95b) に C の解釈，つまり文全体が WH 疑問文で前置された要素の中の「自分自身」が，主文の主語に束縛される解釈は，前置された要素の中間痕跡が補文の端にあることへの証拠と考えられる．この位置に中間痕跡があることは，関与する「移動」の操作が WH 移動によるものではなく，(95b) の前置された要素が通常の「かきまぜ」によって派生されたものであり，補文 IP への付加に次いで，主文の IP への付加，ないしは主文の CP 指定部への移動が起こって派生されたと考えることへの根拠とすることができる．

4.3.7 束縛条件 C と「かきまぜ」

これまで,「かきまぜ」によって前置された要素が, LF では文中の痕跡の位置で再構成されること, そしてそのことによって束縛関係の可能性が広がることを, 束縛条件 A が関わる現象の観察を通して議論してきた.

ここで, 束縛条件 C が関与する現象を考えてみよう. 束縛条件 C は, 再構成の結果できた構造での束縛関係の幅を狭める働きがあり, それによって再構成に制限を加えることがある (cf. Fox 1999, 2000). たとえば次のような, 補文の中から主文の先頭への「かきまぜ」を含む構造があるとする.

(104)　[...NP_i...$]_j$ [...[$_{CP}$ 代名詞$_i$...t_j...

このような構造は, LF で (105a) のように補文の端での再構成は可能だが, (105b) のように補文の目的語など, 代名詞に c 統御される位置での再構成はできないはずである. (打ち消し線は, 前置された要素の再構成に関与しない「コピー」を示す.)

(105)　a.　[...NP_i...$]_j$ [...[$_{CP}$ [...NP_i...$]_j$ [代名詞$_i$...t_j...
　　　b. *[...NP_i...$]_j$ [...[$_{CP}$ [代名詞$_i$...[...NP_i...$]_j$...

(105b) のような構造では, 代名詞が NP を c 統御し, 束縛条件 C に違反するからである.

さらに, 次のような構造を考えてみよう.

(106)　[...NP_i...$]_j$ [代名詞$_i$...[$_{CP}$...t_j...

この構造では, 主文の主語の位置に代名詞がある. このような場合, 前置された要素の再構成は, 前置された位置以外ではまったく許されないということが予測される. 他のどのような位置で再構成しても, その中の R 表現が, 主文の主語である代名詞に c 統御されてしまうからである. 仮に, 前置された要素が補文の端で再構成された LF の構造を考えてみよう.

(107)　*[...NP_i...$]_j$ [代名詞$_i$...[$_{CP}$ [...NP_i...$]_j$ [...t_j...

この位置でも, 代名詞が再構成された要素に含まれる NP を c 統御し,

束縛条件Cの違反になる.

　もちろん,これらの考えは,束縛理論が,再構成を含むLFで適用するということを前提としているが,逆にここで述べていることが事実として観察されれば,束縛理論がLFで適用するという考え方に経験的支持を与えることにもなる.

　以上のことを頭において,次の例文を考えてみよう.

(108)　a.　［マサオ$_i$のどの写真］$_j$を 花子が［彼$_i$が t_j 一番気に入っているか］知りたがっているの？（WH疑問文, Yes/No 疑問文）
　　　　b.　［マサオ$_i$のどの写真］$_j$を 彼$_i$が［花子が t_j 一番気に入っているか］知りたがっているの？（WH疑問文のみ）

与えられた指標による解釈では,（108a）はWH疑問文,Yes/No疑問文のいずれの解釈も可能だが,この指定された指標では,（108b）はWH疑問文としての解釈しか許さない.

　（108a）では,前置されたWH要素が,文頭の位置で解釈された場合,WH素性の認可についても,束縛条件Cに関しても問題ない.このとき,この文全体はWH疑問文として解釈される.次に,この文では,前置されたWH要素が補文の端で再構成される可能性がある.

(109)　[マサオ$_i$のどの写真]を 花子が［[マサオ$_i$のどの写真]を［彼$_i$が t_j...]]...

このとき,文全体はYes/No疑問文として解釈される.WH素性は補文のCPの中で認可されるからである.したがって,（108a）は,WH疑問文としての解釈とYes/No疑問文としての解釈が許されることになる.

　一方,（108b）では,前置されたWH要素を主文の主語である代名詞よりも「低い」位置で再構成すると,必ず束縛条件Cの違反になる.考えられるもっとも「高い」位置は,補文の端の位置であるが,この位置での再構成は次のような構造を生み出す.

(110)　*[マサオ$_i$のどの写真]を 彼$_i$が［[マサオ$_i$のどの写真]を［花子

が t_j ...]] ...

　この構造では，代名詞が「マサオ」を c 統御しているので，前者が後者を束縛する解釈では束縛条件 C の違反となる．このように，(108b) では，文頭以外のどの位置で再構成が起こっても束縛条件 C の違反になるのだから，「かきまぜ」で前置された要素はそのままの位置で解釈されなければならない．その結果，WH 要素も主文の CP 指定部で認可されることになり，(108b) は WH 疑問文の解釈しか持たないことになる．
　これらの現象は一貫して，LF での再構成と束縛理論との間の緊密な関係を示している．LF での再構成は，「かきまぜ」によって移動した要素がもとの (D 構造の) 位置だけではなく，補文や主文の「端」すなわち CP 指定部で再構成される可能性があり，これが，節の主要部である C が疑問文を支える性質を持つか否かによって，移動した要素が WH 要素であれば文全体が WH 疑問文であるか Yes / No 疑問文であるかという，文全体の解釈に影響を与える．しかしこのような再構成の位置の多様性は，束縛条件の違反を引き起こさないかぎりにおいての自由なのである．このことは，束縛条件が LF において遵守されることを示す重要な証拠と考えられる．

4.4　ま　と　め

　この章では，日本語の WH 要素を含む文の諸相を英語の対応する構文と比較しながら，LF という表示レベルの役割を考察した．
　日本語は，WH 要素が，文中の名詞句などが現れるすべての位置に現れることを許すという点で，WH 要素が節の左端に現れることを要求する英語などの言語と対比を示す．しかし，日本語で WH 要素の生起に対する制約がないのではなく，疑問を示す補文要素「か」との関連で，さまざまな制約がある．WH 要素と「か」との間に WH の島や複合名詞句が介在すると，WH 要素の解釈は許されない．日本語の WH 構文は，複合名詞句の制約に関しては英語と異なったふるまいを見せるように見えるが，これは日本語の複合名詞句が WH 要素を含むとき，複合名詞句全体が WH

要素と同じ性質を持つことが許されることに起因する．このような主張をする「随伴分析」の根拠を検討した．

　さらに本章では，「かきまぜ」とLFでの再構成に関わるさまざまな問題を検討した．「かきまぜ」によって前置された要素は，文の中に痕跡をコピーとして残し，コピーの中の要素が束縛やWH要素の解釈に関与する．この議論は，束縛条件が適用するレベルとしてのLFの役割を明らかにするものである．

第 5 章　主 要 部 移 動

5.1　はじめに

　日本語において,「る」や「た」が時制辞として文 (IP) の主要部をなしていると考えると,（1a）の D 構造として（1b）のようなものを考えることができる.

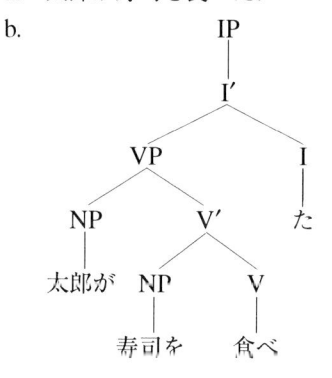

（1）　a.　太郎が寿司を食べた.
　　　b.
```
           IP
           |
           I′
          /  \
         VP    I
        /  \   |
       NP   V′ た
       |   /  \
      太郎が NP  V
           |   |
          寿司を 食べ
```

　この構造を想定したうえで,時制辞が動詞に付くという事実を捉えるためには,動詞が時制辞に繰り上げられるという分析がまず考えられる.この分析が正しいとすれば,V という主要部が移動し,1 つ上の主要部 I に付加されることになる.しかし,英語でも動詞と時制辞の結合は,いつも動詞を時制辞に繰り上げることによって行われるわけではない.助動詞としてふるまう have と be に関しては,生成文法でも初期のころから have-be 繰り上げ (*have-be* raising) と呼ばれる繰り上げ操作が提案されてきたが (Jackendoff 1972, etc.), その他の動詞に関しては, 時制辞を動詞の位置に下方移動させる分析 (「接辞化」 (affix hopping); Chomsky 1957; Emonds 1978; Pollock 1989; Chomsky 1991) や, 動詞は時制を担ったまま語彙挿入され, 論理形式 (LF) 部門で時制辞に繰り上げられて時制素性の照合を行うとする分析 (Chomsky 1993), 統語的移動はまったく関与しておらず, 「接辞化」を音声形式 (PF) 部門での形態融合 (morphological merger) とする分析 (Lasnik 1995) など, いろいろな可能性が検討されてきた. したがって, 日本語においても, 動詞と時制辞の結合がどのようなメカニズムで行われるかは, けっして自明の問題ではない. さらに, 酒井 (2000) が指摘するように, 言語類型論上「膠着語」(agglutinative language) に属する日本語では, 動詞の時制は常に接辞「る / た」として実現され, 屈折性を持つ言語のように語幹の形態を変化させることはないのであるから, それを屈折言語と同じように扱わなければならない必然性もない.

　本章では, 日本語における主要部移動 (head movement) の存在の可能性を検討する. まず, 5.2 節では, 日本語における顕在的 (overt) V-to-I 移動の存在を主張する議論を, 5.3 節では逆に, 日本語の動詞と時制辞の結合には V-to-I 移動が関与していないとする議論を吟味し, 日本語における動詞と時制辞の結合は(狭い意味での)統語的操作ではなく, PF 側での操作と考えられることを見る. 5.4 節と 5.5 節では, その他の主要部移動, すなわち I-to-C 移動と V-to-V 移動の可能性を検討する. 5.4 節では, 日本語のある種の疑問文に, LF での I-to-C 移動が存在するとする分析を取り上げる. 5.5 節では, 第3章で扱った受動文の分析を再度考察し, V-to-V 移動がLFでの主要部移動として存在する可能性を探る. 5.6 節では, 本章全体の議論をまとめ, 今後の展望を考える.

5.2　VP 削除と V-to-I 移動

　日本語における統語的動詞移動の存在を主張する議論として, Otani and Whitman (1991) がある. 彼らは, 日本語における動詞句削除 (VP Ellipsis) の可能性を示す諸例をもとに，統語的動詞移動の存在を主張しているが，彼らが考察している例が本当に「動詞句削除」であるのかという点について，Hoji (1998b) による強力な反論がある．本節では，まず Otani and Whitman の主張を簡潔に紹介し (5.2.1 節)，その後 Hoji の反論を取り上げ，Otani and Whitman の議論は日本語における動詞移動の存在を支持するものではないことを見る (5.2.2 節)．

5.2.1　日本語における動詞句削除の可能性

Otani and Whitman は (2) のような例に基づき，動詞句削除の存在を主張した．すなわち (2B) は，動詞を顕在的移動によって I に移動させることで，(3) に示すように空所部分が (動詞「捨て」の痕跡を含む) 動詞句 (VP) となる構造を持ちうるというものである．

（2）　A:　ジョンは自分の手紙を捨てた．
　　　 B:　メアリーも [e] 捨てた．
（3）　メアリーも [$_{VP}$ 自分の手紙を t_V] [$_I$ [$_V$ 捨て] [$_I$ た]]

彼らの議論の1つは，(2) のような例が「ゆるやかな同一性」(sloppy identity) の解釈を許すということである．

動詞句削除と「ゆるやかな同一性」の関係を考えるために，まず，英語の動詞句削除の例を見よう．たとえば，(4) の後半部分には，「メアリーがジョンの頭を掻いた」という解釈と，「メアリーがメアリー自身の頭を掻いた」という解釈がある．前者の解釈を「厳密な同一性」(strict identity) の解釈，後者の解釈を「ゆるやかな同一性」の解釈と呼ぶが，英語の動詞句削除は「ゆるやかな同一性」の解釈を許すことが知られている (Williams 1977, etc.)．

（4）　John scratched his head, and Mary did [$_{VP}$ e] too.

この性質は，削除されている部分が「述語」(predicate) という意味範疇を構成していることの証拠として用いられる．(4) の前半部分 John scratched his head は，his が，主語である John を指す同一指示 (coreference)の代名詞として働いているか,主語と同じ値を持つ束縛変項 (bound variable) として働いているかによって,(5a, b) の2種類の論理表示が可能である.

(5) a. John [λx [x scratched his head]]
　　 b. John [λx [x scratched x's head]]

「束縛変項」についてここで簡単に説明しておこう.たとえば,(6a)において his が特定の人(たとえば John) を指す解釈もあるが,先行詞である every boy の値(その指示対象)と連動して,his の指示対象が変わっていく解釈もある.これらの解釈は,それぞれ,(6b, c) のような論理式で表現することができる.(6b) では,his は,文脈によって与えられている特定の名詞句と同一指示の関係を持っているが,(6c) では his が,主語とともに全称量化詞 ($\forall$) に束縛された変項 (x) として機能している.

(6) a. Every boy loves his mother.
　　 b. $\forall x$ [x: a boy] (x loves his mother)
　　 c. $\forall x$ [x: a boy] (x loves x's mother)

このような代名詞的表現を,束縛変項と言う.

(5a, b) の論理表示に戻ろう.(5a) と (5b) のどちらも,結果としては John scratched John's head. という解釈を与えられるが,(5a) の his は,John と同一指示的と解釈される代名詞であるのに対して,(5b) の x は,主語の x とともに(述語を形成する演算子である)ラムダ演算子 (lambda operator: λ) に束縛される変項であり,両者は連動して解釈される.ここでは,[λx [x scratched x's head] という述語が John という主語に適用されると,2つの x にはともに John が代入され,その結果 John scratched John's head. という解釈が得られる.

(5a, b) のどちらの述語部分 λx [x ...] を (4) の空の動詞句 [$_{VP}$ e] にコピーするかによって,(4) の後半部分は次の (7a, b) の論理表示が可能であるが,これが上記の「厳密な同一性」と「ゆるやかな同一性」の解釈にそれぞれ相当する.

（7）a. Mary [λx [x scratched his head]]（厳密な同一性）
　　　b. Mary [λx [x scratched x's head]]（ゆるやかな同一性）

さて，（8）（=（2））の日本語の例について，Otani and Whitman は，(8b)が，「メアリーもジョンの手紙を捨てた」という「厳密な同一性」の解釈と，「メアリーもメアリー自身の手紙を捨てた」という「ゆるやかな同一性」の解釈の両方が可能であることを指摘し，(8b)の空所が，述語すなわち動詞句（VP）であると主張する．

（8）A: ジョンは自分の手紙を捨てた．
　　　B: メアリーも [e] 捨てた．

英語の動詞句削除には，この「ゆるやかな同一性」の解釈に関して，局所性の条件がある．同様の効果が上記の日本語の例にも観察されるというのが，Otani and Whitman のもう1つの議論である．まず英語の例から見よう．

（9）John$_i$ thinks that Bill likes him$_i$.
（10）a. ... and Mary does [$_{VP}$ e] too.
　　　 b. ... and Mary thinks that Bill does [$_{VP}$ e] too.

(10a) では，Mary thinks that Bill likes her (= Mary). という「ゆるやかな同一性」の解釈が可能であるが，(10b) ではそのような解釈は不可能である．この事実は，Williams (1977) ではおおむね次のように説明された．(9) の文は，(him が束縛変項であるかどうかによって)次の2通りの論理表示が可能である．

（11）a. John [λx [x thinks that Bill [λz [z likes him]]]]
　　　 b. John [λx [x thinks that Bill [λz [z likes x]]]]

この (11a, b) の論理表示の，いずれの主節述語部分を空の動詞句の位置にコピーするかによって，(10a) は次の2種類の論理表示が可能となり，「厳密な同一性」と「ゆるやかな同一性」の両方の解釈が可能であること

が導かれる.

(12) a. Mary [λx [x thinks that Bill [λz [z likes him]]]]
b. Mary [λx [x thinks that Bill [λz [z likes x]]]]

それに対して,(10b)では論理表示は(13)になり,(11a, b)の補文の述語部分(λz [z ...])をコピーすると(14a, b)になる.

(13) Mary [λy [y thinks that Bill does [e]]]
(14) a. Mary [λy [y thinks that Bill [λz [z likes him]]]]
b. Mary [λy [y thinks that Bill [λz [z likes x]]]]

(14a)は,(10b)の「厳密な同一性」の解釈に相当する.しかし,(14b)では演算子に束縛されていない変項 x が生じてしまい,不適格な論理表示となる.こうして,(10b)では「ゆるやかな同一性」の解釈が許されないことが正しく導かれる.

以下の日本語の例も同様の性質を持っているというのが,Otani and Whitman の主張である.

(15) A: ジョンは [『ニューヨーク・タイムズ』が自分の記事を引用していると] 聞いた.
B: ビルも [『ニューヨーク・タイムズ』が e 引用していると] 聞いた.

(15B)では,「ビルも『ニューヨーク・タイムズ』がジョンの記事を引用していると聞いた」という解釈は可能であるが,「ビルも『ニューヨーク・タイムズ』がビルの記事を引用していると聞いた」という「ゆるやかな同一性」の解釈は許されないと Otani and Whitman は言う.この事実も,(15B)に動詞句削除が関与していると考えると,英語の(10b)と同様に説明できるというのが彼らの議論である.なお,(9),(10)に関する判断には異論もあるので (Fiengo and May 1994),「ゆるやかな同一性」に見られる局所性の別の例として,次の例をあげてもよい.

(16) John saw his mother, and Mary knew that Bill did [$_{VP}$ e] too.
(17) a. Mary knew that Bill saw Bill's mother.
b. Mary knew that Bill saw Mary's mother.

(16) の後半部に関して，(17a) の解釈は許されるが，(17b) の解釈は許されない．これも「ゆるやかな同一性」に見られる局所性の一種と言える．この例に対応する日本語の例として，次の例が考えられる（Hoji 1998b）．

(18) A: ジョンは自分の学生を推薦した．
B: メアリーは [$_{CP}$ ビルも e 推薦したと] 思っていた．

たしかに，上記の英語の例と同様に，(18B) は「メアリーはビルがビルの学生を推薦した」という解釈は可能だが，「メアリーはビルもメアリーの学生を推薦した」という解釈を持つことは難しいように思われる．したがって，「ゆるやかな同一性」に見られるこの種の局所性を考えても，問題の日本語の構文は，英語の動詞句削除と共通した性質を持っていることになる．

このように，(8B) の例における空所が動詞句に対応しており，これらが日本語における動詞句削除の例であるという Otani and Whitman の議論が正しければ，動詞が時制辞の位置に統語的に上昇していることを示すことになり，(統語的)主要部移動が日本語にも存在することになる．

5.2.2 「ゆるやかな同一性」再考

これに対し，(8B) のような文における空所の範疇は，動詞句ではなく名詞句であり，空の代名詞 (pro) にすぎないという反論が，Hoji (1998b) によって提出されている．Otani and Whitman (1991) が「ゆるやかな同一性」の解釈としてあげているものは，変項束縛（variable binding）に起因する真性の「ゆるやかな同一性」の解釈ではないという主張である．

まず，Hoji は，(8) のような例は，動詞句の内容を変えると解釈の可能性が変わると指摘する．たとえば，(19) を考えてみよう．

(19) A: ジョン_iは自分(自身)_iを慰めた.
B: ビルも e 慰めた.

もし(19B)が動詞句削除の例であるならば,対応する英語の例(20)のB例と同様,(21)のように解釈できるはずであるが,実際にはそのような解釈はできない.

(20) A: John consoled himself.
B: Bill did too.
(21) ビル_iも自分(自身)_iを慰めた.

(19B)が目的語の位置に空の代名詞を持つのであれば,ちょうど(22a)において((22b)と異なり)「彼」や空の代名詞が「ビル」を指せないのと同じように,目的語を「ビル」と解釈することはできないはずである.

(22) a. *ビル_iが{彼_iを / e_i}慰めた(こと)
b. ビル_iが{彼_iの / e_i}母親を慰めた(こと)

さらに,Hojiは(24)をあげ,英語の(23)とは異なり,これが(25)のような解釈を持ちえないことを指摘する.

(23) A: Every Japanese couple consoled each other.
B: Every American couple did, too.
(24) A: すべての日本人夫婦がおたがいを慰めた.
B: すべてのアメリカ人夫婦も慰めた.
(25) すべてのアメリカ人夫婦がおたがいを慰めた.

ここで意図されている解釈は,「どの夫婦をとってもその夫婦間でおたがいを慰めている」というものである.主語に「すべての日本人夫婦」のような,それ自体指示対象を持たない量化表現を用いているのは,それによって変項束縛の関与を保証するためである.

「ゆるやかな同一性」には変項束縛の関与が重要な要素であるため,該当する日本語の例でも変項束縛の関与を保証する必要がある.(24)のような一見複雑な例を用いているのは,このような理由による.先に見た

(8) の例などは，変項束縛ではなく，単なる同一指示である可能性があるからである．この点については，後ほどふれる．（日本語においてどのような表現が変項束縛に関与しうるかは，英語以上に慎重な考察が必要である．詳細については，Hoji による一連の研究（Hoji 1997a, 1997b, 1997c, 1998a, 2003, etc.) や Ueyama (1998) を参照されたい．)

次に，局所性の議論に移ろう．まず，(15) の例は事実認定の点で疑いの余地があることが，Hoji (1998b) などで指摘されている．実際，この例は，次のように手直しすると，局所的でない解釈（「ビルは『ワシントン・ポスト』がビルの記事を引用していると聞いた」）がさらに容易となるように思われる．

(26) A: ジョンは [『ニューヨーク・タイムズ』が自分の記事を引用していると] 聞いた．
　　　B: ビルは [『ワシントン・ポスト』が e 引用していると] 聞いた．

別種の局所性の例であった (18) の例では，たしかに，動詞句削除に典型的に見られる「ゆるやかな同一性」の解釈の局所性が現れているように見られる．しかし，補文の主語の「ビルも」を「ビルが」に変えた次のような例では，局所的ではない解釈，すなわち「メアリーはビルがメアリーの学生を推薦したと思っていた」という解釈が可能である．

(27) A: ジョンは自分の学生を推薦した．
　　　B: メアリーは [$_{CP}$ ビルが e 推薦したと] 思っていた．

Hoji は，上記の局所的ではない解釈を容易にする文脈として，ジョンとメアリーが自分の学生をよい教職に就かせる競争をしており，ジョンが自分の学生を推薦したら，メアリーも自分の学生を推薦するという具合いであるが，メアリーの同僚であるビルが，時に彼女に代わって彼女の学生を推薦することもあるという文脈を想定し，以下の例を示している．

(28) (でも)メアリー$_i$ は [$_{CP}$ ビルが e 推薦したと] 思っていた．(だから e_i 自分では何もしなかった．)

英語では，(29) のように，too を取り除いても解釈可能性に変化はなく，後半部は Mary thought Bill recommended Mary's student. という解釈はありえない．

(29) John recommended his student, but (since) Mary thought that Bill did [$_{VP}$ e], (she did not do anything (about recommending her own student)).

それでは，Otani and Whitman があげているような例が，一見すると「ゆるやかな同一性」の解釈を許すように見えるのはなぜだろうか．Hoji はこの解釈を「ゆるやかふうの読み」(sloppy-like reading) と呼び，その解釈の出所としていくつかの可能性を示唆している．1つは，次のような場合である．

(30) A: ジョンが自分自身を推薦した．
　　　B: ビルも e 推薦した

この例で，空の代名詞がビルを先行詞にした場合に得られる解釈(すなわち「ビルがビルを推薦した」という解釈)は，「ゆるやかな同一性」の解釈と区別できないが，関与しているのは「ビル」と空の代名詞との間の「同一指示」の関係にすぎない．それに対して，先に見た(19)では空の代名詞が主語と同一指示になれなかったが，これは「推薦する」という行為と「慰める」という行為の違いに関わる，意味論的・語用論的要因によるものと考えられる．(自分自身をあたかも他人であるかのように扱って推薦することはできるが，「慰める」のように心・意識に関わる行為では，自分自身を他人であるかのように扱うことは難しい．詳細は Hoji (1995) を参照されたい．) 実際，「ビルが彼を慰めた」よりも「ビルが彼を推薦した」のほうが，「彼」が「ビル」を指しやすいことは確かである．(なお，Hoji は Reinhart (1983) の主張に基づき，束縛理論は変項束縛が関与する照応関係のみを規制しており，同一指示の可能性には関与しないと考えている．そのため，この空の代名詞 e が「ビル」と同一指示的であっても，束縛理論の条件 B には抵触することはない．)

次に (31) を考えてみよう.

(31) A: ジョンが自分の車を洗った.
　　　B: ビルも e 洗った.

この例も,「ビルもビルの車を洗った」と同じく, e が「ビルの車」を指すことが可能であり, その解釈は「ゆるやかな同一性」の解釈と区別できない. しかし, 次のような場合には両者を区別することができる.

(32) A: ジョンが自分の車を洗った.
　　　B: ジョン以外のすべての人も (みんな) e 洗った.

この例においても, B では「ゆるやかな同一性」の解釈に似た読みが可能であるが, この場合には空の代名詞が特定の車を指すということは言えない. Hoji は, この例の B の解釈は (34) に対応するものではなく, (33) の「車」が省略されたかたちであり, 空の代名詞が特定の車ではなく不特定の車を指す解釈から生ずると主張する. 英語では, (35) に対応するものとなる. (ジョン以外のすべての人がそれぞれ自分の車を洗ったときも, (33) は真になることに注意.)

(33) ジョン以外のすべての人も (みんな) 車を洗った.
(34) ジョン以外のすべての人も (みんな) 自分の車を洗った.
(35) A: John washed his own car.
　　　B: Everyone else also washed a car.

このように, Otani and Whitman が「ゆるやかな同一性」の解釈としてあげているものは, 真の変項束縛に起因する「ゆるやかな同一性」の解釈ではなく, 空の代名詞が現れたものにすぎず, その代名詞が何を指すかによって, 一見「ゆるやかな同一性」の解釈と区別しにくい読みが生ずるのである. したがって, これらの例に動詞句削除が関与しているという主張は, 根拠がないことになる.

さらに, Hoji は, 一見動詞句削除に見えるこれらの例に真の変項束縛が関与していないことを示す, その他の事実をいくつかあげている. ま

ず，問題の解釈は，目的語が「自分のN」のような照応表現である必要もなく，次例が示すように，固有名詞であっても可能である．

(36) A: ジョンがジョンを推薦した．
    B: ビル$_i$も e_i 推薦した．
(37) A: ジョンがジョンの車を洗った．
    B: ビルも e 洗った．

さらに，動詞句内の照応表現が主語にc統御されている必要もない．

(38) A: [$_{NP}$ [e 昔ジョン$_i$を教えた] 先生] が彼$_i$(のこと)を褒めている．
    B: [[e 昔ビル$_j$を教えた] 先生] も e_j 褒めている．

(38A)において，「ジョン」は「彼」をc統御していないが，(38B)では「先生がビルを褒めている」という解釈が可能である．もし真の変項束縛が関与しているとするならば，以下の対比が示すように，量化表現と変項の間にc統御の関係が成立することが必要条件となるはずである．

(39) a. *[$_{NP}$ [e 昔すべての学生$_i$を教えた] 先生] がそいつ$_i$(のこと)を褒めている．
    b. すべての学生$_i$が [[e 昔そいつ$_i$を教えた] 先生] を褒めている．

(39a)では，「すべての学生」が主語の名詞句を修飾する関係節内にあり，目的語の「そいつ」をc統御していない．そのため，(39b)と異なり，「そいつ」は「すべての学生」に束縛される変項として機能できない．

また，「自分(自身)」が動詞句内に用いられていても，「厳密な同一性」の読みが可能であり，またそれが好まれる読みであるという事実がある．たとえば，次例のBでは「ビルがビルを推薦した」という読みよりも，「ビルがジョンを推薦した」という読みのほうが好まれる．

(40) A: ジョンが自分(自身)を推薦した．
    B: ビルも e 推薦した．

もしこの例に動詞句削除が関与しているとするならば，これは意外な結果である．なぜならば，英語で John recommended himself, and Bill did too. と言えば，通常は Bill recommended himself. という読みが義務的だからである．

したがって，Otani and Whitman が日本語における動詞句削除の例とした現象は，実際にはそのように考えなければならない根拠に乏しく，単に目的語の位置に空の代名詞が現れているものと考えて，いっこうに問題がないことになる．したがって，問題の空所が動詞句の空所であるという主張も，さらには，日本語において動詞が I に顕在的に移動しているという主張も，この点に関しては根拠を失うことになった．

5.3 動詞と時制辞の結合と V-to-I 移動

この節では，前節の議論を受けて，日本語の動詞・助動詞と時制辞の結合には，主要部移動ではなく，PF での形態融合が関わっていると考えるべき根拠を，2 点取り上げる．

5.3.1 結合が阻止される場合

主要部移動は，他の主要部が介在すると阻止される（Travis 1984; Baker 1988）．この制約を「主要部移動制約」（Head Movement Constraint）と呼ぶが，具体的には，(41a) に図示する構造において，Z が Y を飛び越えて X に移動するような主要部移動を阻止するもので，Z は必ずまず Y に移動しなければならない．

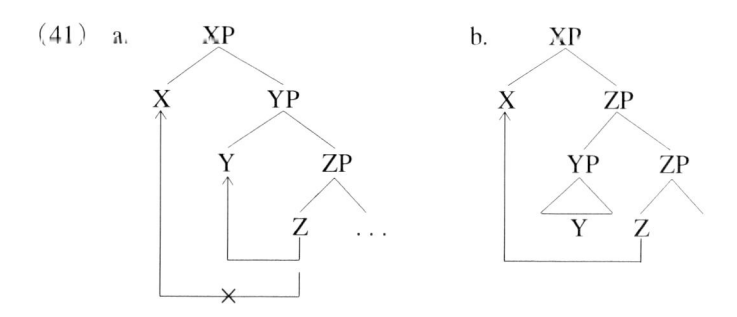

(41) a., b. [樹形図]

主要部移動は，付加要素によって阻止されることはない．（たとえば，(41b) のように，ZP に別の要素 YP が付加されていても，Z から X への主要部移動は阻止されない．）それに対して，「形態融合」は，隣接性を妨げるいかなる要素によっても阻止される．Aoyagi (1998) と酒井 (2000) はこの点に着目し，日本語における動詞と時制辞との結合は主要部移動によるものではなく，PF における形態融合であると主張する．彼らの議論を見る前に，まず，英語とフランス語における動詞と時制辞との結合について考えよう．

(42) a. John likes Mary.
    b. *John likes not Mary.
    c. John does not like Mary.
(43) a. John is leaving.
    b. John is not leaving.
    c. John has not left.
(44) a. Jean n'aime pas Marie.
         love not
    b. Jean n'a   pas compris la question.
         have not understand the question

(42)–(44) に示したように，フランス語では，定形動詞は動詞でも助動詞でもともに，否定辞 pas に先行することが可能であるのに対して，英語では，助動詞の have, be は否定辞に先行するが，本動詞の場合には do が挿入される．

  Lasnik (1995) は，Emonds (1978), Pollock (1989), Chomsky (1991) などの先行研究に基づき，英語の動詞と時制辞の結合について次のような分析を提案した．英語では，時制辞 I は接辞として実現する場合と，素性の集合として実現する場合の 2 通りがある．I が接辞である場合は，（原形）動詞と時制辞が結合するのは PF の形態融合プロセスであり，隣接性条件 (Adjacency Condition) に従う．動詞と時制接辞の間に not が介在する場合には，形態融合が阻止され，接辞を支えるために do が挿入され

る．(42) のように，助動詞を含まない文がこの場合に当たる．一方，英語の助動詞(正確には be と，相助動詞として機能する have)は，語彙部門ですでに時制素性を与えられており，素性として実現した I との間で照合が起こる．同時に，素性の I は(助)動詞の移動を誘発する．このように，英語は1つの言語の中に，時制辞が接辞である場合と素性である場合という2つのオプションがあり，統語移動の有無がそれに連動していることになる．時制辞が常に「る/た」という接辞として現れる日本語では，第一のオプションのみが存在すると考えられる．すなわち，時制辞は初めから I の位置に接辞として実現されており，素性照合のために主要部移動が誘発される可能性はなく，もっぱら PF プロセスとしての形態融合が用いられることになる(酒井 2000; Aoyagi 1998)．

その主張の根拠になるのが，(45) にあげた例である．小辞「も/だけ/さえ」(日本語学では「とりたて詞」と呼ばれる)は，(45a) のように名詞句に付加されるだけでなく，(45b) のように動詞・動詞句に付加されることもあるが，後者の場合には，時制辞「た」は動詞と融合するのではなく，代動詞「す(る)」が挿入されている．これは，英語のいわゆる do 挿入 (*do*-support) ときわめて類似した現象である (Kuroda 1965)．(なお，日本語の「す(る)」の挿入は，英語の do の挿入と異なり，孤立した時制辞を支える場合に限られない．「太郎は花子に走らせもしなかった」のように，「走らせなかった (hasir-ase-nakat-ta)」のような述語的拘束形態素の連続の間に「も」が介在する場合も，「す(る)」が必ず挿入される (Kishimoto 2001)．)

(45) a. 太郎が寿司 も/だけ/さえ 食べた．
b. 太郎が寿司を食べ も/だけ/さえ した．

英語の do の挿入は，動詞と時制接辞の形態融合(いわゆる接辞化)が，主語名詞句や否定辞 not の介在や，動詞句の省略によって阻止された場合に起こる．

(46) a. Did John eat apples?
b. John did not eat apples.

c. Mary ate apples, and John did too.

以下に示すように，(46a) では主語・助動詞倒置（Subject-Auxiliary Inversion: SAI）の結果，時制辞 -ed と eat の間に，主語名詞句 John が介在してしまう．(46b) では，否定辞 not が時制辞 -ed と eat の間に介在する．(46c) では，動詞句が削除されており，時制辞が付く相手がない．いずれの場合も，形態融合が阻止され，do 挿入が起こる．

(46′) a. *-ed* John *eat* apples
b. John *-ed* not *eat* apples
c. ... John *-ed* [$_{VP}$ *e*]

(45b) の日本語の例においても，以下に示すように，「も / だけ / さえ」などの小辞が動詞「食べ」と時制辞「た」の間に介在して，両者の結合を阻止しており，そのために代動詞「す(る)」が挿入されていると考えると，上記の英語の形態融合と同様に説明できる．

(45′) *太郎が寿司を<u>食べ</u> { も / だけ / さえ } <u>た</u>．

仮に，「も / だけ / さえ」が動詞句を補部とする主要部であるならば，(45′) では，「食べ」の移動が主要部移動制約によって阻止されるという分析も考えられる．しかし，「も / だけ / さえ」は付加詞であり主要部ではないことが，下位範疇化(範疇選択)の特性からわかる（Sells 1995; Aoyagi 1998; 酒井 2000）．一般に範疇選択の関係は，姉妹関係にある主要部と補部の間に見られる．しかし，以下の例に見るように，「も / だけ / さえ」の小辞が補部に付いても，その関係が変わることはない．

(47) a. ジョンは寿司を食べてみた．
b. ジョンは寿司を食べて<u>も</u>みた．
c. *ジョンは寿司を食べにみた．
d. *ジョンは寿司を食べに<u>も</u>みた．
(48) a. メアリーは築地へ寿司を車で食べに行った．

b. メアリーは築地へ寿司を車で食べにだけ行った.
  c. *メアリーは築地へ寿司を車で食べて行った.
  d. *メアリーは築地へ寿司を車で食べてだけ行った.

(47),(48)に示すように,「みる」という動詞は,動詞の連用形＋「て」を補文にとるが,「行く」は動詞の連用形＋「に」を補文にとる.その関係は,「も」「だけ」のような小辞が付いても変わらない.このような観察から,「も/だけ/さえ」などの小辞は,みずからの投射を持つ主要部ではなく,付加詞であると考えられる.((47),(48)は Aoyagi (1998, 16–17)に基づく.酒井 (2000, 127–129) は別の例をもとに同様の結論を導いているが,ここでは省略する.)

　これらの小辞が付加詞であるとすると,これらを飛び越えて移動することは,主要部移動制約の違反とはならないはずである.したがって,動詞が時制辞に移動する主要部移動が関わっているとすると,(45b)の存在が説明できなくなる.以上の考察から,Aoyagi (1998) および酒井 (2000) は,日本語の動詞と時制辞の結合に関与しているのは,主要部移動ではなく,形態融合であると結論づける.(なお,形態融合に関わる「隣接性」の概念は日英語で異なるようであり,さらに検討を要する.日本語では「も/だけ/さえ」などの小辞のような付加詞でさえ,形態融合を阻止するのに対して,英語では She *-ed* often *walk* around here から She often *walked* around here が導けるように,副詞類のような付加詞は否定辞と異なり,形態融合を阻止しない.この点については,Bobaljik (1995), Lasnik (1995), 酒井 (2000) などを参照.)

5.3.2　助動詞の解釈と構造

　酒井 (2000) は,さらに,日本語の助動詞の解釈と構造の関係からも,この結論が支持されることを示している.

　V から I への統語的移動が存在するならば,助動詞は (LF での再構築がないかぎり) 時制辞の位置に移動して,一律に時制辞の位置で解釈されるはずで,助動詞によってスコープの解釈に差が生じるはずがない.しか

し，実際にはスコープに関して2種類の助動詞が存在する．

(49)を考えてみよう．この文は，「だけ」という限量表現を伴う名詞句と，可能の助動詞（rar)e のスコープ関係について，2通りの解釈が可能である．前者のスコープを only で，後者のスコープを can で表す．

(49) タカシはケーキだけを食べられる（tabe-rare-ru).（can > only, ?only > can）　　　　　　　　　　　　（酒井 2000, 132）

can > only の解釈とは，「他のものも食べることもできるが，ケーキだけを食べることもできる」という場合で，only > can の解釈とは「食べられるのはケーキだけである」という場合である．ここで重要なのは，前者の解釈，すなわち限量表現が助動詞よりも狭いスコープを取る解釈が存在するということである．（後者の解釈は母語話者の判断が一定しないが，ここでは問題にしない．）次に(50)を考えてみよう．

(50) タカシだけがケーキを食べられる．（*can > only, only > can）
　　　　　　　　　　　　　　　　　　　　　　　　　　　（*ibid.*）

can > only の解釈とは，「他の人もケーキを食べることができるが，タカシだけが食べることもできる」という解釈であるが，この解釈は許されない．すなわち，限量表現が助動詞よりも狭いスコープを取る解釈が，存在しないのである．結論として，目的語名詞句は助動詞（rar)e より狭いスコープを取りうるが，主語名詞句は必ず広いスコープを取るということになる．

ところが，これとは異なるふるまいをする助動詞がある．否定辞「ない」を含む文では，主語名詞句が「ない」より広いスコープを取る解釈も可能であるが，(rar)e の場合とは異なり，「ない」のほうが主語名詞句よりも広いスコープを取ることも可能である．（否定辞「ない」のスコープを neg で表す.）

(51) マユミだけが来ない．（neg > only, only > neg）　（*ibid.*, 134）

(51)では，「来ないのはマユミだけで他の人は来る」という，「だけ」（only)

が否定辞「ない」よりも広いスコープを取る解釈と,「マユミだけが来るのではなくて,他の人も来る」という,否定辞が「だけ」よりも広いスコープを取る解釈の,両方が可能である.(ただし,後者の解釈は単文では十分な文脈がないと容易ではないが,ここではそのような解釈が可能であるということがポイントである.酒井は「マユミを映画に誘ったらマユミだけが来ないでクミコもついて来た」という文脈をあげている.)「そうだ」などの推量の助動詞も,主語名詞句よりも広いスコープを取ることができる.次の (52) では,「歌いそうなのはパヴァロッティだけで,他の人は歌いそうにない」という,「だけ」が「そうだ」(likely)よりも広いスコープを取る解釈と,「他の人が歌わずパヴァロッティだけが歌うことがありそうだ」という,「そうだ」が「だけ」よりも広いスコープを取る解釈が,ともに可能である.

(52) パヴァロッティだけが歌いそうだ.(likely > only, only > likely)
(*ibid.*, 140)

ここでも,助動詞「そうだ」が「だけ」より広いスコープを取る解釈は文脈なしでは容易ではないが,(53) のように,逆のスコープ関係が不自然な文脈を与えることで取りやすくなる.

(53) 今度の舞台では,3 人のテナーの合唱に加えて,何曲かパヴァロッティだけが歌いそうだ.　　　　　　　　　　(*ibid.*)

この文脈では,「だけ」が「そうだ」より広いスコープを取る解釈(「歌いそうなのはパヴァロッティだけだ」)は,不自然である.このような文脈でも,(52) が (53) のように「パヴァロッティだけが歌うことがありそうだ」という解釈が可能であることは,主語名詞句より「そうだ」が広いスコープを取りうることを示している.

このように,目的語名詞句より広いスコープを取ることはできるが,主語名詞句より広いスコープを取ることはできないものと,主語名詞句より広いスコープを取ることもできるものという,2 種類の助動詞が日本語に存在することになる.酒井 (2000) は,それらのスコープと構造上の位置

との間に相関関係があり，以下に図示するように，その構造上の位置に応じてスコープが決定されると主張している．

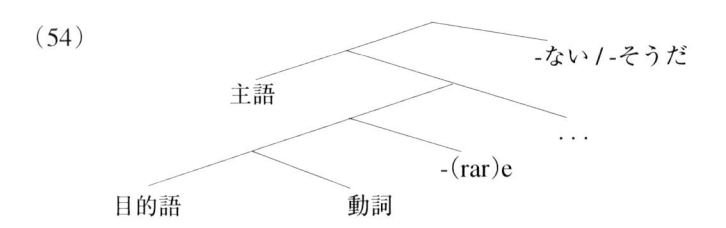

(54)

```
                        -ない / -そうだ
         主語
                        …
                  -(rar)e
    目的語      動詞
```

たとえば，助動詞が時制辞と直接結合したさいの (rar)e と「ない」の間の対比を示す，次の例を考えてみよう．

(55)　a.　タカシだけがケーキを食べられた．（only > can, *can > only）
　　　b.　タカシだけがケーキを食べなかった．（only > not, not > only）

(rar)e は主語名詞句より広いスコープを取ることはできないが，「ない」はできる．もし，日本語において統語的動詞移動が存在し，助動詞が移動によって時制辞と結合すると考えるならば，移動の結果，どちらのタイプの助動詞も LF において時制辞の位置まで上昇することになる．スコープの関係が句構造における階層的位置関係によって決まるとするならば，同じスコープ特性を持つことになるはずである．したがって，どちらも主語名詞句をスコープに含みうると予測するが，これは事実に反する．逆に，もし統語的動詞移動を仮定しないならば，それぞれの助動詞は句構造に導入された位置で解釈されることになり，スコープ特性が正しく予測される．

　このような2種類の助動詞間に見られる，解釈上の非対称性と構造上の非対称性を統一的に説明するためにも，日本語には統語的動詞移動が存在しないと考えるのがよいことになる．（酒井は，形態論における屈折性・膠着性と統語的移動の有無の間に相関関係が存在すると主張し，屈折性・

膠着性を,「形式素性の実現の仕方」に関するパラメータとして捉えなおしている.「形式素性」として,この節で考察した「時制」を例にとると,それが動詞の内部に屈折形として実現し,その結果統語的移動を引き起こすのか,あるいは独立の形態素(接辞)として動詞の外に実現し,形態融合によって動詞に付加されるのかということである.) V-to-I 移動については,日本語においては,(顕在的 (overt) にせよ非顕在的 (covert) にせよ)統語的移動としては存在せず,PFにおける形態融合と考えるのが妥当であるという結論になる.

5.4 Yes / No 疑問文と I-to-C 移動

次に検討するのは,日本語における I-to-C 移動の可能性である.英語では,(56b) は (56a) に対応する Yes / No 疑問文であるが,主語・助動詞倒置 (SAI) と呼ばれる語順変化が起こっている.

(56) a. John can swim.
　　 b. Can John swim?

この語順変化は,以下に見るように,I-to-C 移動として分析されており,英語における主要部移動の代表的なものである.このような移動が,日本語にも存在するだろうか.主語・助動詞倒置という観点から見ると,そのような現象は主要部末尾型言語である日本語には存在しない.しかし,上山 (1990) と Yoshida and Yoshida (1996) が指摘したように,ある種の現象に着目すると,日本語において I-to-C 移動が存在するかもしれないという可能性が浮かび上がってくる.本節ではそれを考察する.

5.4.1 疑問マーカーのない疑問文

ここで考察する言語現象は,日本語の疑問文における疑問の終助詞「か」の,省略可能性である.一見,この現象は I-to-C 移動とは関係なさそうだが,よく調べていくとその関連が浮かび上がってくる.

日本語の疑問文は,直接疑問文でも間接疑問文でも,疑問の終助詞「か」が節の末尾に付く.この「か」は,当該の節が疑問文であることを示すた

めの専用のマーカーと言えるが，英語の直接疑問文にはそのような形態的疑問マーカー（morphological question marker）はない．（ただし，言語獲得過程にある子供の発話の中には，文頭に can, is などが付いて形態的疑問マーカーとして機能しているように見受けられるものも観察される．また，間接疑問文の場合には，whether や if がそれに相当すると考えることもできる．）どの言語でも，疑問の領域を示すなんらかの仕組みは必要であるが，英語では語順の変更を用いてその役割を果たしている．たとえば，WH 疑問文では，疑問詞を疑問の領域となる節の頭の位置に移動させる．

(57) a. [What did John say [that Mary bought]]?
b. [John asked [what Mary bought]].

たとえば，(57a)においては文全体が疑問の領域になるのに対して，(57b)では，埋め込み文が疑問の領域になる．日本語では，疑問の領域となる節の末尾に「か」を置くことによって，同様の区別がなされる（⇒ 4.2.1）．（なお，4.2.3 節で「か」の主要部移動の可能性が論じられているが，本章では「か」は C の位置に基底生成されると仮定する．）

(58) a. [太郎は [花子が何を買ったと] 言いましたか]?
b. [太郎は [花子が何を買ったか] 聞きました].

英語では，疑問詞を用いない主節の Yes / No 疑問文の場合には，いわゆる主語・助動詞倒置が行われるが，この現象は，I (Infl) の位置にある時制辞 (Tense) や時制辞を担う助動詞を C (Comp) の位置に繰り上げる操作(いわゆる I-to-C 移動)として分析されている (Chomsky 1986, etc.)．((57a) に示したように，WH 疑問文でも「主語・助動詞倒置」が起こる．)

(59) a. Can John leave?
　　 b.
```
                CP
                |
                C'
               /  \
              C    IP
              |   /  \
             can NP   I'
                 |   /  \
               John I    VP
                         |
                         V
                         |
                       leave
```
(canからCへの移動矢印)

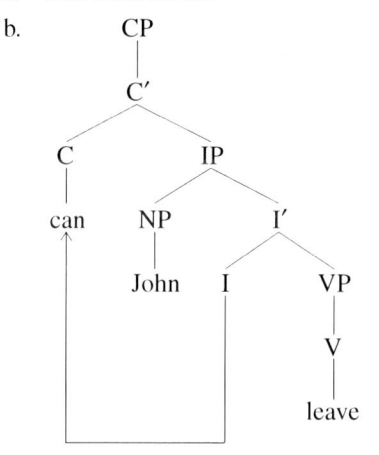

　他方，日本語のYes / No疑問文は，WH疑問文の場合と同様，疑問の領域となる節の末尾に「か」を付けるだけでよい．

(60) 花子はもう帰りましたか．

　言い換えれば，英語の主節では，日本語の「か」のような疑問の領域を示す専用のマーカーがないために，I-to-C移動が起こっていると考えられる．
　Yes / No疑問文が間接疑問文として現れる場合には，疑問節の末尾に「かどうか」が現れるのがもっとも自然である．

(61) a. 太郎は「花子がもう帰ったかどうか」たずねた．
　　 b. 太郎は［花子が玄関の鍵を閉めたかどうか］忘れた．

これは英語のwhetherに相当するもので，「どう」はWH要素なので，日本語の間接疑問文は意味的にYes / No疑問文である場合でも，(LFで)WH移動が要求されていると考えてよい．(62a)のように，動詞によっては「か」だけでも許されるものがあるが，(62b)のように許されないものもある．

(62) a. 太郎は［花子がもう帰ったか］たずねた．
　　 b. ?*太郎は［花子が玄関の鍵を閉めたか］忘れた．

(63a)が示すように，「たずねる」という動詞は「かと」で終わる疑問文補文を取ることができ，補文が「かどうか」ではなく「か」だけで終わっている場合は，じつは「かと」の「と」が省略されたものと考えることができる．「か」のみのかたちを許す動詞には，他に「聞く」「質問する」「確かめる」「疑う」「いぶかる」などがあるが，これらの動詞はいずれも，「かと」で終わる疑問文補文を取れる．（なお，「思う」も疑問文補文として「かと」の節を取れるが，「と」を省略できない点で上記の動詞と異なる（西垣内 1999）．）

(63) a. 太郎は［花子がもう帰ったかと］たずねた．
　　 b. *太郎は［花子が玄関の鍵を閉めたかと］忘れた．

他方，(61b)と(62b)の対比に見られるように，「忘れる」という動詞は，埋め込みの Yes / No 疑問文が単なる「か」よりも「かどうか」で終わっているほうが容認可能性が高いが，それは(63b)が示すように，「かと」で終わる補文が許されないからである．同様のふるまいをする動詞に，「教える」「知りたがっている」などがある．

　疑問文補文が「かと」で終わるものは，真の間接疑問文ではなく，直接疑問文が「と」によって引用されているという可能性がある．そのように考えると，真の間接疑問文としての Yes / No 疑問文は，「かどうか」で終わっていることを要求することになる．

　英語では，疑問文補文を取る動詞に2つのタイプがあることが知られている．know や remember のような know タイプの動詞と，wonder や ask のような wonder タイプの動詞である．これらの動詞は，いわゆる「量化変異」(quantificational variability)に関して相違が生ずる（Berman 1991; Lahiri 1991）．すなわち，know タイプの動詞の補文の WH 要素は，全称量化の力を持つのに対して，wonder タイプの動詞の補文の WH 要素には，そのような力はない．

（64） John knows / remembers who came to the party.
（65） John wonders who came to the party.

(64)の文は，ジョンが「パーティに来た人すべてについて，その人がパーティに来たことを知っている」という意味であるが，(65)にはこのような全称量化の意味はなく，「パーティに来た人すべてについて，その人がパーティに来たかどうか知りたがっている」という解釈はない．西垣内 (1999) は，疑問文補文が「～かと」というかたちを取りうる (63a) の「たずねる」のような動詞は，日本語における wonder タイプの動詞であり，「～かと」というかたちが許されない (63b) の「忘れる」は，know タイプの動詞であると指摘しているが，もし「～かと」というかたちが，上で述べたように直接疑問文を引用したかたちであり，「か」で終わる疑問文補文は「と」の省略によって得られるとすると，日本語には純粋な wonder タイプの動詞は存在しないことになる．（「～かしら」といった主節でのみ可能な表現が，英語の I wonder... にもっとも近いと言える．）

さて，日本語の疑問文における「か」の役割をふまえたうえで考えると興味深いのが，日本語でも「か」が現れない疑問文があるという事実である．

（66） a. 太郎はもう来ましたか？
　　　 b. 太郎はもう来ました？
（67） a. 学校に行きますか？
　　　 b. 学校に行きます？

(66b) や (67b) の例は「か」が文末に現れていないため，上記の議論が正しければ，疑問の領域を示す別の仕組みが必要になる．その点で，「か」のない疑問文は，英語の Yes / No 疑問文の場合と同じ状況にあることになる．なお，次の (68a) のように文末が「の」で終わっている疑問文では，正確には「のですか」の「ですか」が省略されていると考えられるが（西垣内 1999; Kuwabara 2001），ここでは便宜上，「の」も「か」と同様，疑問の領域を示すマーカーと考えておく．いずれにしても，(68b) には疑問の領域を示すマーカーがないという点では，上記の (66b) や (67b) の

例と同じである．

(68) a. 学校に行くの？
b. 学校に行く？

上山 (1990) と Yoshida and Yoshida (1996) は，一見「か」が省略されているだけに見える (66)–(68) の b. 例のような疑問文において，じつは，英語の Yes / No 疑問文における I-to-C 移動に相当する操作が行われていると考えるべき根拠がある，と主張している．彼らが着目したのは，「か」のない疑問文がいつも可能というわけではないという事実である．「か」の省略可能性についての統語的条件を調べていくと，興味深い性質が浮かび上がってくる．

まず，「か」の省略は直接疑問文に限られており，間接疑問文ではけっして省略されることはない．

(69) a. 太郎は [花子が学校に行く(かどう)か] 聞いた．
b. *太郎は [花子が学校に行く] 聞いた．
(70) a. 太郎は [花子がどこに行くか] 聞いた．
b. *太郎は [花子がどこに行く] 聞いた．

次に，文末が「です」という連結詞 (copula) で終わっている文を疑問文にする場合には，疑問のマーカーを省略することはできない．(71) は，連結詞の前に名詞句が現れている例である．(方言によっては，(71b) のような「です」で終わる Yes / No 疑問文を容認可能とする話者もいるようである(上山 1990)．この点については後でふれる．)

(71) a. その人は太郎ですか？
b. ?*その人は太郎です？

連結詞として「だ」が用いられている文も，(72b) が示すように，「か」がないかたちが許されない．ただし，(72a) が示すように，直接疑問文ではそもそも，「か」が「だ」に直接後続することができない．

第 5 章 主要部移動 175

(72) a. *その人は太郎だか？
　　　b. *その人は太郎だ？

したがって，そもそも (72a) が許されないのだから，そこから「か」を省略した (72b) が許されないのは当然である，という反論をされるかもしれない．しかし，後で詳しく見るように，「太郎」を「誰」という疑問詞に変えて，「その人は誰だ」という WH 疑問文にすると適格文になるが，「その人は誰だか」という文は依然として許されない．(72b) の不適格性は，「だか」というかたちの不適格性とは独立であると考えられる．(なお，(72a) のように「だか」の容認性が低いのは，主節に限られるようである．間接疑問文では，「どこの誰だか知らないけれど」のように，「だか」という連続が許される．また，「いったい何を考えているのだか」という発話自体は可能であるが，これは WH 疑問文ではなく，「わからない」など，後に続く動詞が省略されたかたちであると考えられる．) 形容動詞が連結詞を従えている場合も同様である．(ここでも，(73b) の容認可能性については方言差がある．)

(73) a. 　それ，きれいですか？
　　　b. ?*それ，きれいです？
(74) a. 　*それ，きれいだか？
　　　b. 　*それ，きれいだ？

「です」や「だ」で終わる疑問文は許されないという制限には，さらに興味深い付帯条件が付く．まず，このような制限は Yes / No 疑問文の場合だけであり，WH 疑問文になるとこのような制限はない．

(75) 　その人は誰です？
(76) 　その人は誰だ？
(77) 　それ，どうです？
(78) 　それ，どうだ？

さらに，(79)–(82) のように，連結詞が「た」という過去時制接辞を伴うと，疑問のマーカーなしの疑問文が許されるようになる．(「だった」に

「か」が後続した場合は,「だ」だけの場合ほどではないが,容認可能性がやや落ちる.しかし,「か」を落とした場合はまったく問題のない文になる点に注意してほしい.)

(79) a. その人は太郎でしたか?
b. その人は太郎でした?
(80) a. (?)その人は太郎だったか?
b. その人は太郎だった?
(81) a. それ,きれいでしたか?
b. それ,きれいでした?
(82) a. (?)それ,きれいだったか?
b. それ,きれいだった?

以上のような観察から,上山(1990)とYoshida and Yoshida (1996)は,「か」のないYes / No 疑問文において時制辞の果たす役割に着目し,述部が時制を担っている場合に限って,「か」のない疑問文が可能であると分析する.すなわち,「です」や「だ」には時制がないと考えるわけである.それでは,現在時制を持った連結詞はないかというと,上山はゼロ形の連結詞(∅)がそれにあたると言う.次の例が示すように,「です」や「だ」も省略して,名詞や形容動詞の語幹で終わるYes / No 疑問文は可能である.

(83) その人は太郎?
(84) 私,きれい?

これらの例にはゼロ形の連結詞があると考えられる.

(85) その人は太郎∅?
(86) 私,きれい∅?

したがって,日本語における連結詞のパラダイムは,次のようになる(上山1990).「—」は,存在しないことを表している.(先にふれたように,(71b)や(73b)など「です」で終わるYes / No 疑問文が容認可能な話者にとっては,この欄に「です」が[–past]という時制を持つ連結詞として

位置することになる.）

（87）
	+past	−past	時制なし
	でした	—	です
	だった	∅	だ

このことは,「か」のない Yes / No 疑問文では, C に [±past] を担う要素が位置していなければならないことを示している. そうすると, 日本語でも「か」のような疑問のマーカーを用いない場合には, 英語の Yes / No 疑問文と同様, 時制辞を I から C へ移動させていると分析することができる. 文末に「です」や「だ」が現れている場合には, これらは時制を担っていないので, C に繰り上げることによって疑問の領域を示すことができないと考えるわけである. 時制辞を C に繰り上げることが, なぜ疑問の領域を示すことになるのかはいったん置くとして, 普遍文法で許されている1つのオプションが, 英語のみならず日本語にも必要に応じて用いられるという結論は,（もし正しければ）たいへん重要である.

「だ」「です」に時制がないという仮説は, 第3章で考察した時制辞と主格付与との関係に, 興味深い問題を提起する. すなわち, 以下の文の主格はどのようにして与えられるか, ということである.

（88） a. 太郎が欠席です.
　　　 b. 花子は [太郎が欠席だと] 思っていた.

3.2 節で考察したように, 時制辞の存在が主格付与の必要条件であるとすると, 時制辞が存在しない「だ」や「です」で終わっている述語の主語には, いかにして主格が付与されるのかという問題が生じてしまう. 3.2 節では,（89）,（90）の a. 例と b. 例の対比をもとに, 形容詞・形容動詞の連用形を形成する語尾「く」や「に」を [−tense] I とし, [+tense] I のみが主格を付与できるとした.（88b）の補文は「だ」で終わっているにもかかわらず, 主語は主格を担っている.

（89） a. 太郎は [花子の大学合格 が / を とてもうれしいと] 思っている.

　　　　　b.　太郎は［花子の大学合格 *が/を　とてもうれしく］思っている．
（90）a.　花子は［太郎の馴れ馴れしい態度 が/を　迷惑だと］思っている．
　　　　　b.　花子は［太郎の馴れ馴れしい態度 *が/を　迷惑に］思っている．　　　　　　　　　　　　（竹沢1998, 49–50）

このことは，「だ」や「です」の前にゼロ形の連結詞があり，これらが時制を担っているという可能性を示している．しかし，そうすると，先に見た以下の例でも時制辞が存在することになる．

（91）*その人は太郎だ？（=(72b)）

この文の非文法性は，ゼロ形の連結詞（Ø）のCへの移動が，「だ」や「です」を飛び越えてしまい，5.3.1節でふれた主要部移動制約に抵触してしまうことに起因すると考えられる．このことは，時制を担っている要素の移動が，実際に関与していることの傍証となる．（なお，ゼロ形の連結詞は(他の連結詞同様)，I位置に生成されると仮定する．「だ」を主要部とする投射は，ここでは仮にXPと表記しておく．）

（92）　その人は [$_{CP}$ [$_{XP}$ [$_{IP}$ 太郎 Ø] だ] ＿]?

「だ」や「です」で終わる文はすべて，その前にゼロ形の連結詞がI位置に存在することになるが，以下の例では（特に必要がないかぎり）省略して表記する．

　疑問文に話を戻すと，興味深いのは，すでに述べたように，WH疑問文の場合にはI-to-C移動が要求されないということである．

（93）a.　*その人は太郎だ？
　　　 b.　その人は誰だ？

このことは，I-to-C移動に頼らなくても，この文が疑問文であることを示

す方法があることを示している．その方法はまさに，疑問詞を用いることにほかならない．実際，英語の間接疑問文では，疑問詞が疑問の領域となる節の頭に移動することは，すでに述べた．この方法によって疑問文であることを示せるのならば，I-to-C 移動は不要となる．この点で，以下の例におけるa.例とb.例の対比は興味深い．a.例では，疑問詞の領域が主文であるため，WH 疑問文になっている．そのため，「だ」や「です」で終わっていても疑問文として成立している．他方，b.例では，疑問詞の領域は埋め込み文にとどまっており，文全体は Yes / No 疑問文である．そのため，「だ」や「です」で終わることはできない．

(94) a. 彼はいつ来ると言ったのだ？（WH 疑問文）
　　　b. *彼はいつ来るか言ったのだ？（Yes / No 疑問文）
(95) a. どこに店を出すと決めたのです？（WH 疑問文）
　　　b. *どこに店を出すか決めたのです？（Yes / No 疑問文）
　　　　　　　　　　　　　　　　　　　　　（上山 1990, 25）

以上のような観察から，上山は(96)のような条件を提案している．（この条件は LF に課せられる条件と考えておく．）

(96) ある CP が疑問文と解釈されるためには，
　　（i） CP の指定部または主要部が [+wh] の要素で満たされているか，
　　（ii） C に [±past] を担う要素が位置していなければならない．

「か」を伴う疑問文の場合には，[+wh] の要素である「か」が CP の主要部の位置を占めており，(96i)を満たす．また，WH 疑問文の場合には，日本語でも LF において [+wh] を持った疑問詞が CP の指定部に移動しているとすれば（⇒ 4.2.2），これも (96i) の条件を満たすため，I-to-C 移動をして (96ii) を満たす必要がないと考えることができる．すなわち，日本語では (96i) か (96ii) のいずれかが満たされていればよいことになる．

5.4.2 英語とフランス語

さて，ここで英語とフランス語の疑問文に目を転じてみよう．英語の直接疑問文では，以下の (97b) が示しているように，WH 疑問文でも (主語が疑問詞でないかぎり) I-to-C 移動を伴う．この場合，(96i, ii) の両方の条件が満たされていることになる．

(97) a. *Did* he leave?
 b. *When did* he leave?
 c. I do not know [*when* he left].
 d. I do not know [*whether / if* he left].

フランス語の WH 疑問文においては，顕在的な I-to-C 移動は義務的ではない．(98a) に示すとおり，(顕在的) WH 移動自体が随意的であるし，WH 移動が起こった場合，I-to-C 移動は (98b) のように起こらなくてもよいし，(98d) のように起こってもよい．しかし，(98c) のように，WH 移動が起こっていないのに I-to-C 移動だけが起こるのは許されない．

(98) a. Elle a vu qui?
   she has seen who
 b. Qui elle a vu?
   who she has seen
 c. *A-t-elle vu qui?
   has she seen who
 d. Qui a-t-elle vu?
   who has she seen

Rizzi (1996) は，この英語とフランス語の差異を，(99) の WH 基準 (WH-criterion) と動的一致 (dynamic agreement) という特別な仕組みを仮定することによって説明することを提案している．

(99) WH 基準
 a. WH 演算子は $X^0_{[+wh]}$ と指定部-主要部の関係にならなければならない．

b. $X^0_{[+wh]}$ は WH 演算子と指定部−主要部の関係になければならない．

WH 基準は，（英語とフランス語では）S 構造と LF で適用されると仮定されている．ここで「WH 演算子」（WH-operator）とは，A′ 位置にある WH 句と定義される．この WH 基準により，（主要部の方向によって）(100a) または (100b) のような配列が要求されるが，これはどの言語でも，最低限 LF では必ず守られるものと仮定されている．

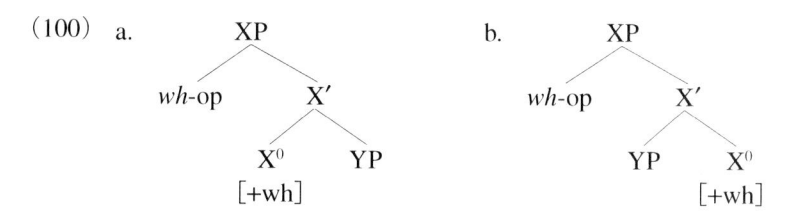

(100) a.
```
         XP
        /  \
    wh-op   X′
           /  \
         X⁰    YP
        [+wh]
```
b.
```
         XP
        /  \
    wh-op   X′
           /  \
         YP    X⁰
              [+wh]
```

ここで [+wh] 素性は，(101) のように，随意的に I^0 に生成できると仮定されている．まず，(102) にあげる英語のパラダイムを考えてみよう．

(101) [$_{CP}$ C [$_{IP}$ she [$_I$ has] seen who]]
　　　　　　　　　　　　[+wh]

(102) a. *She has seen who?
　　　b. *Who she has seen?
　　　c. *Has she seen who?
　　　d. Who has she seen?

(102a) では，顕在的な WH 移動も I-to-C 移動も起こってない．I^0 に [+wh] が生成された場合には IP の指定部には WH 演算子はないので，S 構造で WH 基準の違反となる．I^0 に [+wh] が生成されない場合には，LF では WH 演算子が必ず CP の指定部に移動するとすると，このレベルで主要部 C に [+wh] を担う要素がないので，WH 基準の違反となる．次に (102b) は，顕在的な WH 移動が起こっているが，I-to-C 移動が起こっていない場合の例であり，（少なくとも S 構造で）WH 基準の違反となる．逆に，(102c) のように，[+wh] を担った I が I-to-C 移動で繰

上げられても，CP の指定部に WH 演算子がなければ，S 構造で WH 基準の違反となる．(LF で WH 移動が起こっても，S 構造ですでに排除されてしまう．) (102d) では，[+wh] を担った I が I-to-C 移動で繰り上げられ，WH 句が CP の指定部に顕在的に移動しているので，S 構造ですでに WH 基準を満たしている．このように，英語における WH 疑問文の主語・助動詞倒置の必要性は，WH 基準から導かれることになる．

さて，フランス語の場合に戻ろう．英語との相違点は，(102a, b) に相当する例 (98a, b) が許されるということである．以下に (98) の例文を (103) として繰り返す．

(103) a. Elle a vu qui?
    she has seen who
 b. Qui elle a vu?
    who she has seen
 c. *A-t-elle vu qui?
    has she seen who
 d. Qui a-t-elle vu?
    who has she seen

この英語とフランス語の差異を説明するために重要な役割をするのが，「動的一致」である．動的一致とは，指定部位置にある WH 演算子が(指定部–主要部一致により)，主要部に [+wh] を与える仕組みのことを指す．(103a) では，[+wh] が I に生成されると，英語の場合と同様に排除される．しかし，[+wh] が I に生成されない場合，英語にはなかった可能性が生じる．LF で WH 句が CP の指定部に移動すると，動的一致により主要部 C に [+wh] が与えられ，LF で WH 基準を満たす．そのため，英語と異なり，(103a) のような例が許される．(103b) では，WH 句が CP の指定部に顕在的に移動しており，動的一致で C に [+wh] が与えられ，S 構造で WH 基準を満たす．(103c) では，I-to-C 移動が起こっているが，もし I に [+wh] が与えられていれば，CP の指定部に WH 句がないので，S 構造で WH 基準の違反であり，[+wh] が与えられていなければ

そもそも繰り上げは起こらない.（qui が LF で CP の指定部に移動しても，S 構造ですでに排除されてしまうため，許されない.）(103d) は，WH 句が顕在的に CP の指定部に移動しており，[+wh] を担った I も C に繰り上げられており，S 構造で WH 基準を満たす.

このように，「動的一致」という仕組みのあるなしが，フランス語と英語の違いを説明することになる. フランス語では，WH 句が CP の指定部に移動するだけで，動的一致により C も自動的に [+wh] を担うことになり，WH 基準が満たされるため，I-to-C 移動は必要ない. 他方，英語にはそのような特別な仕組みがないので，C が [+wh] を担うためには，[+wh] を担った I を I-to-C 移動で繰り上げる必要が生ずるわけである.（なお，間接疑問文では動詞の選択により，補文の主要部である C は必ず [+wh] を担い，英語においても，WH 句が CP の指定部に移動するだけで WH 基準は満たされるので，I-to-C 移動は必要ない.）

5.4.3 日本語の I-to-C 移動再び

さて，日本語の話に戻ろう. 日本語の WH 疑問文は，一律に，「か」を省略することが可能であったが，これは Rizzi (1996) の動的一致の考えを用いて説明することが可能である. 本節ではそれによって，上山 (1990) の (96) を導くことができることを示したい. 実際，Rizzi は (104) のような文について，動的一致に基づいた分析を提案している. 日本語では WH 基準は LF でのみ適用すると考えると，「か」のない文は動的一致が行われた例となる.

(104) ジョンはどこです(か)?

LF で WH 句が CP の指定部に移動するとすると，「か」があれば [+wh] の C があるので，WH 基準を満たす.「か」がなくても，日本語でも動的一致のオプションがあるとすれば，WH 句から [+wh] をもらい WH 基準を満たすことになる. したがって，WH 疑問文では I-to-C 移動なしに，「か」のない疑問文が可能となる.

Yes / No 疑問文の場合はどうだろうか. 上の WH 基準に基づく説明を

維持するためには，Yes / No 疑問文の場合の「か」は，[+wh] 素性とは別の素性(たとえば [+Q] 素性)を持つと仮定する必要がある．「か」が常に [+wh] 素性を持つとすると，「か」で終わる Yes / No 疑問文は WH 演算子がないので，WH 基準により排除されてしまうからである．

そこで，Yoshida and Yoshida (1996) で採用されている WH 基準に基づく分析を仮定したうえで，先に見た条件 (96) を以下のように改訂しよう．

(105) ある CP が疑問文と解釈されるためには，C に
   (i) [+wh] 素性か [+Q] 素性があるか，
   (ii) [±past] を担う要素が位置していなければならない．

(i) において，C に [+wh] 素性がある場合というのは，[+wh] 素性を持つ「か」が C に位置している場合と，動的一致により C が WH 演算子から [+wh] 素性をもらう場合の，2 通りがあることになる．(96i) では，C に [+wh] 素性がある場合に加えて，CP の指定部に WH 句がある場合もあげていたが，動的一致の導入により，後者は前者に還元することが可能になったわけである．さらに，Rizzi (1996) の提案に沿って，(106) のように，時制を担う I は随意的に [+wh] または [+Q] を担うことができると仮定すれば，(105) の (ii) は，(i) と I-to-C 移動に還元することができる．したがって，(105) はさらに (107) のようになる．

(106) 時制を担う I は [+wh] または [+Q] を担うことができる．
(107) ある CP が疑問文と解釈されるためには，C に [+wh] 素性か [+Q] 素性が位置していなければならない．

間接疑問文では，WH 疑問文でも「か」が省略されることはけっしてない．日本語の埋め込みの CP は，主節の CP と異なり，上の動詞に語彙的に選択され平叙文か疑問文かが指定されていなければならず，したがって，補文の主要部である C は，(5.4.1 節で述べたように，真の間接疑問文としての Yes / No 疑問文では「かどうか」が義務的であるとすると)派生の最初から [+wh] が形態的に具現化したものである「か」が占めていなければならない．LF で WH 句が移動すれば，C が動的一致で [+wh]

素性を得ることはできるが，選択関係はD構造から満たされていなければならない（Rizzi 1996）．

以上，本節では，日本語におけるI-to-C移動の可能性について検討した．日本語の「か」のないYes/No疑問文を調べていくと，時制辞の占める構造的位置に関して制約のあることが明らかになった．このことは，英語の主語・助動詞倒置の背後にあるI-to-C移動ときわめて似た操作が，日本語にも存在する可能性を示唆している．（ただし，「か」の占める位置および問題の主要部移動の移動先が英語のCと同じ範疇と考えてよいかどうかには，今後検討の余地があろう．）

日本語は主要部末尾型の言語であるため，問題のI-to-C移動が顕在的移動であるのか非顕在的移動（すなわちLF移動）であるのかは，表層の語順を見ているだけではわからない．しかし，この移動が（107）という意味的な要請をLFで満たすために行われているとすると，顕在的な移動である必要性はなく，非顕在的な移動（LF移動）である可能性は高いと言える．

5.5　受動文と V-to-V 移動

5.3節で，日本語において(助)動詞と時制辞の結合に関与しているのが，V-to-I移動という主要部移動ではなく形態融合であると結論づけたが，これはあくまでも時制辞との結合に関することで，複合動詞の形成そのものにある種の主要部移動（V-to-V移動）が関与している可能性は，まだ否定されていない．本節で取り上げるのは，日本語の「に」受動文に関して，まさにそのような分析を提案している論考である．

3.4.5節で，Hoshi (1991) のPRO移動に基づく「に」直接受動文の分析を紹介したが，そこで残した問題として，(r)areという動詞が持つ二面性があった．日本語の「に」直接受動文では，動詞の外項のθ役割が抑制され目的語に与える格が吸収されるという，英語の受動文と似た性質が認められると同時に，主語は非θ位置ではなく，「経験者」というθ役割が付与されている．このような性質を捉えるために，(108)に示すように，間接受動文と同様に(r)areが補文をとる構造を仮定し，さらに(109)

に例示する英語の get 受動文のごとく，その補文内で PRO が目的語の位置から主語の位置に移動すると考えた．

(108) [$_{IP}$ [$_{VP}$ 先生$_i$ が [$_{V'}$ [$_{VP}$ PRO$_i$ [$_{V'}$ 学生に t_i hihans]]-are]]-ta]

(109) [$_{IP}$ The teacher$_i$ [$_{VP}$ [$_{V'}$ got [$_{VP}$ PRO$_i$ [$_{V'}$ criticized t_i by his student]]]]]

しかしながら，get 受動文とは重要な違いもあった．すなわち，英語の get 受動文では，動詞 criticize の受動化（格の吸収と外項の θ 役割の抑制）に直接関与しているのは受動形態素 -en であり，主節の主語への θ 役割付与は get が行っている．もし，日本語の (r)are が英語の get のように補文をとるだけであるならば，日本語の「に」直接受動文は，むしろ次のような文に対応していることになるが，このような文は英語では許されない．

(110) *The teacher got criticize (by his student).

したがって，(r)are は動詞の格の吸収と外項の θ 役割を抑制するという点で，英語の受動形態素 -en と同様の役割を果たし，補文をとり主文の主語位置に θ 役割を与えるという点で，get の役割を果たしていることになる．しかし，(108) の構造では，この (r)are の持つ二面性が正しく捉えられていない．

そこで Hoshi (1994a, b) では，この問題を解決すべく，(r)are が D 構造において，上位の VP の主要部の位置で補文をとるのではなく，LF の主要部移動によって，下位の VP の主要部の位置から上位の VP の主要部の位置に移動するという分析が提案される．じつは，同様の問題が間接受動文にも起こることが，Washio (1989–90) によってすでに指摘されており，Hoshi (1994a, b) の分析はその拡張と考えることができる．

すでに 3.4.6 節で述べたように，Washio は (r)are が間接受動文でも，(格の吸収はしないが) 外項の θ 役割を抑制すると指摘している．動詞が持つ外項の θ 役割を抑制するためには，その動詞に接辞として付加され

ている必要がある．しかし，同時に (r)are は補文をとり，主文の主語に
θ役割を与える動詞としても機能している．別の言い方をすれば，間接受
動文の (r)are は，次のような英語の get 受動文の受動形態素 -en と get
の，二役を担っていることになる．

(111)　a.　Mary got her camera confiscated by the police.
　　　 b.　メアリーが警察にカメラを没収 s-are-ta.

この二面性は，上で見た Hoshi (1991) の PRO 移動に基づく「に」直接
受動文の分析と，同じ問題を提起することになる．この問題を解決するの
が，(r)are の主要部移動という可能性であるが，それを Washio (1989–
90) は間接受動文の分析に，Hoshi (1994a, b) は直接受動文の分析に，
それぞれ提案している．Washio では，直接受動文には (r)are の移動は
関与していないと分析されているが，以下の議論では Hoshi (1994a, b)
の分析を取り入れ，「に」受動文には統一的に，(r)are の主要部移動が LF
で起こっていると提案する．Washio と Hoshi の分析は，Larson (1988)
の与格構文と二重目的語構文の分析，およびそこで展開された考察がもと
になっているので，まずそちらを簡潔に紹介する．

(112) の 2 つの文を考えよう．

(112)　a.　John gave a book to Mary.
　　　 b.　John gave Mary a book.

(112b) の二重目的語構文を，(112a) の与格構文の構造から変形により導
く分析は以前からあるが，Larson (1988) の分析の特筆すべき点は，この
交替現象と受動文の類似点に着目したことにある．与格交替も受動文も，
格吸収と外項の θ 役割の抑制という「受動化」と，それに伴う名詞句移
動が関与しており，いわゆる受動文は IP 内での名詞句移動であるのに対
して，与格交替は VP 内での名詞句移動であるいう分析である．

　Larson は，(112a) について，give と to Mary が構成素をなす (113a)
のような D 構造を仮定する．

(113)　a.　[$_{VP_1}$ John [$_{V'}$ e [$_{VP_2}$ a book [$_{V'}$ give to Mary]]]]

b. [$_{VP_1}$ John [$_{V'}$ give$_i$ [$_{VP_2}$ a book [$_{V'}$ t_i to Mary]]]]

Larson は,「語彙的特性はすべての統語表示のレベルで一定に保たれなければならない」という投射原理 (Projection Principle) を否定し, θ役割は派生の途中で付与できると主張する. したがって, 動詞 give は下の VP$_2$ 内にある a book と Mary に θ役割を付与した後, (113b) に示すように上の動詞句 VP$_1$ の主要部に繰り上げられ, そこで VP$_1$ の指定部にある John に θ役割を与える.

一方, (112b) については, (114) のように分析される.

(114) a. [$_{VP_1}$ John [$_{V'}$ e [$_{VP_2}$ e [$_{V'}$ [$_{V'}$ give Mary] a book]]]]
       b. [$_{VP_1}$ John [$_{V'}$ give$_i$ [$_{VP_2}$ Mary$_j$ [$_{V'}$ [$_{V'}$ t_i t_j] a book]]]]

まず, D構造である (114a) では, give が随意的な「受動化」を受け, Mary への格付与能力を失い, その具現化であった to が吸収されている. 同時に, (113) においては VP$_2$ の「主語」であった a book が「格下げ」され, 付加詞として V' に付加される. (114b) に示すように, Mary は格を求めて VP$_2$ の指定部に移動し, 動詞 give は上の VP$_1$ の主要部に繰り上げられる. この位置で give は John に θ役割を与え, 同時に Mary に対格を与える. この分析の背後には, θ役割の付与が派生的に行われるという重要な理論的主張があり, これが投射原理の廃止とともに, ミニマリスト・プログラム (Minimalist Program) の研究につながっていくことになるのだが (Chomsky 1995, 2000, etc.), ここでは次の点に着目したい. すなわち, V が下の VP 内ではある種の「受動化」を受け, 上の VP 内では外項の θ役割を与えているという主張である.

さて, 日本語の受動文に戻ろう. Washio (1989–90) の分析によると, 間接受動文の (r)are は, 補文動詞の外項の θ役割を抑制すると同時に, それ自身の外項を持つことになる. 前者の性質は (r)are が補文動詞に付加されていることを示すが, その位置で主節の主語位置に外項の θ役割を与えることはできない. そこで, Washio は, 上記の Larson (1988) の

分析同様，(115) に対して (116) のような構造を仮定し，(r)are が下の VP の主要部 V に付加された位置から，上の VP の主要部の位置に移動すると提案する．(この移動は Washio では顕在的な移動とされているが，本書では LF での移動と考えておく．さらに，3.4.6 節で見たように，付加部の位置にある「メアリーに」が下の VP の指定部に移動するが，ここでは問題にしない．)

(115) ジョンがメアリーに子供を殴られた．
(116)

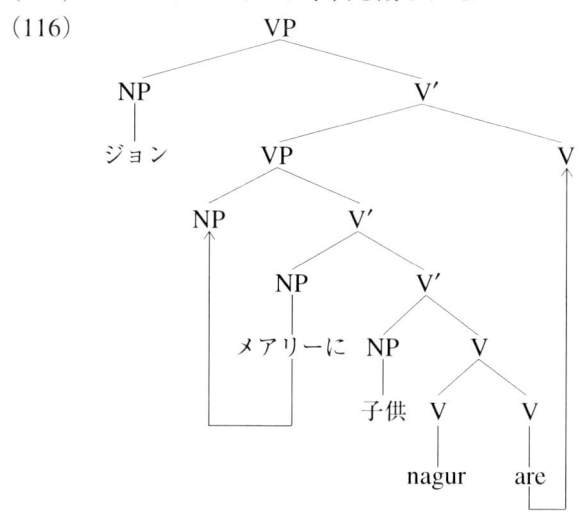

```
                    VP
                  /    \
                NP      V'
                |      /  \
              ジョン   VP     V
                    /  \     ↑
                  NP    V'   |
                  |   /  \   |
                 NP    V'    |
                 |   /  \    |
              メアリーに NP   V
                      |   /  \
                     子供  V   V
                          |   |
                        nagur are
```

次に，直接受動文を考えよう．Washio の分析では，直接受動文の (r)are が外項を取り θ 役割を与えるとは考えていないため，空の V を主要部にする VP ((116) の上位の VP) は投射されない．しかし，3.4.3 節で考察したように，「に」直接受動文は(「によって」受動文と異なり)主語の位置に，「経験者」としての θ 役割を与えていると考えられる．Hoshi (1994a, b) は Washio (1989–90) の動詞繰り上げ分析を直接受動文にも拡張し，日本語の「に」直接受動文は，英語の二重目的語構文同様，「VP 内での受動化」(VP-internal passivization) が適用されていると主張する．この分析では，日本語の「に」直接受動文は (117) のように分析されることに

なる．

(117) a. [$_{VP_1}$ ジョン [$_{V'}$ [$_{VP_2}$ e [$_{V'}$ メアリーに [$_{V'}$ PRO nagur-are]]] e]] ta
b. [$_{VP_1}$ ジョン [$_{V'}$ [$_{VP_2}$ PRO$_i$ [$_{V'}$ メアリーに [$_{V'}$ t_i nagur-t_j]]] are$_j$]] ta

D構造で(r)areはnagurに付加され，その対格付与能力を吸収し，同時にその外項のθ役割を抑制する．そのため，(117a)に示すように，「メアリー」はV'に付加された位置に，付加詞として(「メアリーに」という形で)随意的に生成され，VP$_2$の指定部は空になる．(117b)に示すように，このVP$_2$の指定部の位置にPROが移動する．(この移動は他の名詞句移動と同様，顕在的な移動と仮定されている．) LFで，(r)areがnagurから切り離され，(r)areのみがVP$_1$の主要部に移動し，VP$_1$の指定部の位置にあるジョンにθ役割を付与する．(と同時に，補文にもθ役割を付与する．) この(r)areの主要部移動をHoshi (1994a, b)は，編入(incorporation)と逆の操作ということから「編出」(excorporation)と呼んでいる．(関連する議論としてKitagawa (1986)を参照されたい．なお，Hoshiでは動詞は時制辞を担ったまま語彙挿入されると仮定されているため，たとえば(117b)では，時制辞「た」を含む(r)areta全体が時制に関する素性の照合のためにLFでIに移動し，その途中で上のVに立ち寄るとしているが，本書では5.3節の議論に基づき，(r)areと時制辞「た」の結合はPFでの形態融合であり，VからIへの主要部移動は関与していないと仮定する．)

このように，派生の途中の段階でθ役割を付与することができ，上位のVへの移動は，外項へのθ役割の付与という意味的な理由に動機づけられていると考えると，日本語の「に」受動文では，VからVへの主要部移動が行われているという結論が導き出せる．

間接受動文の存在は，日本語の(r)areの格吸収が随意的であることを示している(Saito 1982)ことになるが，3.4.3節および3.4.7節で考察した「によって」受動文の存在は，(r)areが持つ「経験者」というθ役

割の付与もまた，随意的であることを示している (Kuroda 1979).「によって」受動文では，(r)are により目的語名詞句の格が吸収され，外項の θ 役割が抑制される．したがって，nagur の外項である「メアリー」は，「メアリーによって」という付加詞として随意的に現れ，nagur の内項「ジョン」は，外項の θ 役割の抑制によって空になった VP の指定部に移動し，そこで上位の時制辞から格付与を受けることになる．しかし，この場合の (r)are は「経験者」という θ 役割を持たないので，上の VP は存在せず，外項の θ 役割付与のために主要部移動が行われることもない．(「によって」句は，nagur-are という V に付加されていると仮定している: ⇒ 3.4.7)

(118) a. [IP [VP e ジョン（メアリーによって）nagur-are] ta]
b. [IP [VP ジョンᵢが tᵢ（メアリーによって）nagur-are] ta]

したがって，「によって」受動文では，(r)are の主要部移動は行われない．

さて，3.4.5 節では，次のような構造が間接受動文として許されないのはなぜか，という問題が未解決のままで残っていた．

(119) a. *太郎ᵢが [花子に 彼ᵢを 批判 s]-are-ta.
b. *太郎ᵢが [花子に proᵢ 批判 s]-are-ta.

ここでは，補文の目的語の位置には，主語と同一指示の「彼」や pro（音形のない代名詞）が生起している．(119b) が許されるのであれば，直接受動文と同じような意味を表しながら，動作主を表す「に」句が，(事実に反して) 補文主語として機能する (たとえば「自分」の先行詞になれてしまう) ことになってしまう，という問題が生ずる．3.4.5 節でふれたように，「に」受動文が補文構造を持っているのならば，「彼」や pro は補文内では束縛されていないため，補文が束縛領域 (binding domain) であるとすると，束縛理論の条件 B の違反にはならないはずである．「に」受動文は，補文構造を持ちながらも，補文の代名詞にとっては主節が束縛領域となる必要がある．

この問題に解決案を与えてくれるのが，主要部移動である．日本語の受

動文は，補文構造を持ちながらも，その派生に動詞の主要部移動が関与するために，束縛領域が主節に広がると考えることができる (Hoshi 1994a, b). Chomsky (1986) では，「束縛領域」とは，その主要部と合致するすべての文法的機能が実現されている領域(これを完全機能複合 (complete functional complex: CFC) と呼ぶ)とされる．

さて，先に紹介した Washio (1989–90) と Hoshi (1994a, b) の分析では，下の V に付加された (r)are が，その動詞の外項の θ 役割を抑制した後，動詞から切り離されて上の V 位置に移動し，外項の θ 役割を付与するとしていた．ここでこの分析を修正し，動詞と (r)are は結合された状態で語彙挿入され，主要部移動のさい，全体がそのまま上の V に移動すると考えることにする．(Hoshi (1994a, b) は，(r)are のみが移動するという仮定を維持したままで分析を試みているが，ここでは，主要部移動の存在と束縛理論を連動させることによって (119) の非文法性が予測できるという，Hoshi の基本的考え方のみを採用する．また，「動詞＋(r)are」と時制辞の結合は，先に見たように，PF での形態融合であると考える．)

たとえば，先の (119) では，「批判され」が下の V の位置で目的語の名詞句(「彼」や pro) に θ 役割を与えた後，上の V の位置に移動し，指定部の名詞句(「太郎」)に θ 役割を付与することになる．したがって，「彼」や pro を項にとる主要部「批判され」の文法的機能がすべて実現されているのは，上の VP に含まれる範囲である．上の VP が束縛領域であるとすると，「彼」や pro はその中で「太郎」によって束縛されており，束縛理論の条件 B に違反することになり，(119) が許されないことが正しく導ける．したがって，本章では，Washio や Hoshi の分析を修正し，日本語の「に」受動文に関与する主要部移動は，(r)are のみの移動ではなく，「動詞＋(r)are」全体が移動するものと考えることにする．

(r)are は語彙部門で動詞に付加され，その格付与能力を吸収し，外項の θ 役割を抑制し，「動詞＋(r)are」全体がそのまま下の V に語彙挿入される．「に」受動文の場合，外項の θ 役割の抑制は義務的だが，対格付与能力の吸収は随意的で，吸収が起きた場合には直接受動文，起きなかった場合は間接受動文が得られる．これに対して，使役文では，次の文が意図さ

れた解釈で適格であることからわかるように，このような束縛領域の拡張が起こらず，類似の主要部移動は起こっていないことがわかる．

(120) a. 太郎$_i$ が [花子に 彼$_i$ を批判 s]-ase-ta.
b. 太郎$_i$ が [花子に pro$_i$ 批判 s]-ase-ta.

(120)では，[ ]括弧で示した補文が束縛領域となり，「彼」や pro はその中で自由であるから，束縛理論の条件 B に合致している (Saito 1985)．したがって，使役文の場合には，(s)ase は上位の V の位置に別個に語彙挿入され，動詞と (s)ase の結合は(動詞と時制辞の結合と同じく) PF での形態融合であると考えられる ($\Rightarrow$ 5.3)．（異なる見解については Hoshi (1994a, b)を参照．）

以上，本節では日本語の「に」受動文の分析から，V-to-V 移動の存在の可能性を検討した．このような θ 役割の付与に動機づけられた主要部移動の可能性は，さらに他の複合動詞の分析など，さまざまな文の分析にも道を開くことになる．詳細に立ち入る余裕がないが，この方向のその後の展開として，Saito and Hoshi (1999, 2000) などを参照されたい．

5.6 まとめと今後の展望

本章では，日本語における主要部移動，特に V-to-I, I-to-C および V-to-V の繰り上げの可能性について検討した．V-to-I 移動については，その存在を示す確かな証拠はないが，V-to-V および I-to-C 移動は日本語にも存在する可能性がある，というのが本章での結論である．（ただし，「I-to-C 移動」として扱った現象に関して，英語の I や C のようないわゆる機能範疇が本当に関与しているかどうかは，さらに検討が必要であるが，「か」が用いられていない疑問文で，時制を表す要素が一定の構造的位置を占めなければならないということは言える．）

本書では扱うことができなかったが，V-to-I 移動の存在については，分裂文と等位接続文を用いた Koizumi (1995) による議論がある．概略のみ示すと，以下のようなものである．まず，英語では以下の例が示すとおり，分裂文の焦点の位置には 1 つの構成素しか現れることができない．

(121) John gave a book to Mary.
(122) a. *It is *a book to Mary* that John gave.
　　　b. *It is *John to Mary* that gave a book.
　　　c. *It is *John a book* that gave to Mary.
　　　d. *It is *John a book to Mary* that gave.

(122)の例の非文法性は，主語・目的語・与格の前置詞句を，2つ以上組み合わせて構成素を作ることはできないことを示している．ところが，日本語では，このような分裂文が一見可能であるように見える．

(123) a. ジョンがあげたのは本をメアリーにだ．
　　　b. 本をあげたのはジョンがメアリーにだ．
　　　c. メアリーにあげたのはジョンが本をだ．
　　　d. あげたのはジョンが本をメアリーにだ．

これらの文はけっして自然な文ではないが，対応する英語の (122) に比べると，それほど悪くはない．このような例では，複数の構成素が分裂文の焦点の位置に現れているのではなく，顕在的移動によって動詞が抜け出した後の VP あるいは IP が，分裂文の焦点の位置に現れたものであると，Koizumi (1995) は主張する．したがって，たとえば (123a, d) の分裂文の焦点の位置に現れている要素は，それぞれ VP と IP になり，(124a, b) に示すような構造を持つことになる．((123b, c) については，動詞移動以外に「かきまぜ」操作も加わった結果の構造が焦点の位置に現れることになるが，ここでは省略する．詳細は Koizumi (1995) を参照．)

(124) a. ジョンがあげたのは [$_{VP}$ 本をメアリーに t_V] だ．
　　　b. あげたのは [$_{IP}$ ジョンが [$_{VP}$ 本をメアリーに t_V] $t_{V\text{-}I}$] だ．

同様の主張が，等位接続の文を用いてもなされている．Koizumi (1995) の分析に対しては，Aoyagi (1998) と Takano (2002) による反論が提出されており，さらに Takano は，この現象に関する興味深い代案を提案している．詳細はそれぞれの論考を参照していただくことにし，ここでは，Koizumi の分析を採ると，次のような非文も文法的であるという誤った予測をしてしまうという点のみ，指摘しておこう．

(125) *太郎が盗んだのは3台車をだ.
cf. 太郎が3台車を盗んだ.

その他の主要部移動に関連する最近の研究として，Saito and Hoshi (2000) がある．この論考は，以下に例示する軽動詞構文 (light verb construction) について，LF での編入に基づく分析を提案するものである．5.5節で紹介した Hoshi (1994a, b) の「に」受動文の分析同様，θ役割の付与が派生的に行われるという仮定のもとで，漢語系名詞（Verbal Noun，以下の例では「譲渡」）がみずからの投射内(以下の例では [ ]括弧内)にある項に θ役割を与えた後，LF で軽動詞「する」に編入され，その位置で残りの項([ ]括弧の外にある項)に θ役割を付与するとする分析である．

(126) a. ジョンが [メアリーへの土地の譲渡] をした.
b. ジョンがメアリーに [土地の譲渡] をした.
c. ??ジョンがメアリーに土地を [譲渡] をした.

詳細に立ち入る余裕がないが，このような LF 編入分析をとることによって，Grimshaw and Mester (1988) が「項転移」(Argument Transfer) という仕組みで捉えようとした現象，すなわち「譲渡」のような漢語系名詞の θ役割の一部が代動詞「する」に転移されるという現象が，自然に説明される．詳しくは Saito and Hoshi (2000) を参照されたい．5.5節でもふれたように，派生的な θ役割の付与という考え方は，本章で扱った主要部移動という問題を越えて，日本語の分析にも新たな可能性を開くものになると思われる(たとえば Hoshi (2001) を参照).

本章では，I-to-C 移動ならびに V-to-V 移動が日本語において存在することを主張したが，それが顕在的主要部移動であるのか非顕在的主要部移動であるのかについては，厳密な動詞末尾型言語である日本語の場合，語順から判断することはできず，いまのところあまりはっきりとした結論を出すことはできない．しかし，一般に，日本語では非顕在的な主要部移動は存在するが，顕在的な主要部移動はまったく存在しないと考える可能性がある．受動文における「動詞＋(r)are」の移動は，θ役割の付与のため

に起こるのであり，Yes / No 疑問文の「時制辞」の移動も，疑問の解釈を得るために起こるのであるとすると，いずれも LF でのみ必要となるのであって，顕在的である必然性はないからである．

　PF 部門における(ある種の)主要部移動が存在する可能性もあるかもしれない．本章では扱うことができなかったが，PF と密接な関係のある焦点(focus)の分析において，日本語では主要部移動が重要な役割を果たす可能性が示唆されている (Ishihara 2000; Ishii 2001, etc.)．これがいわゆる顕在的な主要部移動であるのか，あるいは PF における操作であるのかについては，まださまざまな検討が必要である．特に，これまで狭義の統語部門 (narrow syntax) の外に出されてきた PF 部門での操作の本質がどのようなものであるのかについては，文法とそれを取り巻く領域との「インターフェイス」に関わる問題とともに，今後ますます重要な問題となっていくものと思われる．

　言語類型論では膠着語に分類される日本語では，「食べさせる」「食べ始める」のように，意味的には独立している複数の動詞が表面上は 1 つの動詞のようにふるまう「複合動詞」が，数多く観察される．このような性質を捉えるため，日本語の生成文法研究でも初期の段階から，「述語繰り上げ」(Predicate Raising) や「動詞繰り上げ」(Verb Raising) と呼ばれる操作が提案されてきた (Kuroda 1965; Kuno 1973; 柴谷 1978, etc.)．しかし，文法における計算 (computation) の中心を LF の派生と位置づける文法理論では，上記の意味での「述語繰り上げ」を PF 側での操作として仮定する根拠はあっても，LF を派生するための操作として主張するには，さらに独立の議論が必要である．本章では，LF の派生に至る「統語的な」操作としての主要部移動の存在を，対応する英語の現象と比較しながら検討した．本章で見たように，顕在的移動・非顕在的移動・PF における操作を区別し，日本語のさまざまな現象にそのいずれが関わっているか，それをどのように見きわめることができるかという問題意識のもとでの研究は，ようやく本格的になってきた感がある．このような研究の中で，膠着性という性質をあらためて問い直す可能性も生まれつつある．

参　考　文　献

Aoun, Joseph and Yen-hui Audrey Li (1993) *Syntax of Scope*, MIT Press, Cambridge, MA.

Aoyagi, Hiroshi (1998) *On the Nature of Particles in Japanese and Its Theoretical Implications*, Doctoral dissertation, University of Southern California.

Baker, Mark (1988) *Incorporation: A Theory of Grammatical Function Changing*, University of Chicago Press, Chicago.

Baker, Mark, Kyle Johnson, and Ian Roberts (1989) "Passive Arguments Raised," *Linguistic Inquiry* 20, 219–251.

Baltin, Mark (1982) "A Landing Site Theory of Movement Rules," *Linguistic Inquiry* 13, 1–38.

Barss, Andrew (1986) *Chains and Anaphoric Dependencies*, Doctoral dissertation, MIT.

Barss, Andrew (1988) "Paths, Connectivity, and Featureless Empty Categories," *Constituent Structure*, ed. by Anna Cardinaletti, Guglielmo Cinque, and Giuliana Giusti, 9–34, Foris, Dordrecht.

Berman, Stephen (1991) *On the Semantics and Logical Form of Wh-Clauses*, Doctoral dissertation, University of Massachusetts, Amherst.

Bobaljik, Jonathan D. (1995) *Morphosyntax: The Syntax of Verbal Inflection*, Doctoral dissertation, MIT.

Chomsky, Noam (1957) *Syntactic Structures*, Mouton, The Hague.

Chomsky, Noam (1977) "On *Wh*-Movement," *Formal Syntax*, ed. by Peter Culicover, Thomas Wasow, and Adrian Akmajian, 71–132, Academic Press, New York.

Chomsky, Noam (1981) *Lectures on Government and Binding*, Foris, Dordrecht.

Chomsky, Noam (1986) *Barriers*, MIT Press, Cambridge, MA.

Chomsky, Noam (1991) "Some Notes on Economy of Derivation and Representation," *Principles and Parameters in Comparative Grammar*, ed. by Robert Freidin, 417–454, MIT Press, Cambridge, MA. [Reprinted in *The Minimalist Program*, 1995, 129–166, MIT Press, Cambridge, MA]

Chosmky, Noam (1993) "A Minimalist Program for Linguistic Theory," *The View from Building 20*, ed. by Kenneth Hale and Samuel Jay Keyser, 1–52, MIT Press, Cambridge, MA. [Reprinted in *The Minimalist Program*, 1995, 167–217, MIT Press, Cambridge, MA]

Chomsky, Noam (1995) *The Minimalist Program*, MIT Press, Cambridge, MA.

Chomsky, Noam (2000) "Minimalist Inquiries: The Framework," *Step by Step: Essays on Minimalist Syntax in Honor of Howard Lasnik*, ed. by Roger Martin, David Michaels, and Juan Uriagereka, 89–155, MIT Press, Cambridge, MA.

Deguchi, Masanori and Yoshihisa Kitagawa (2002) "Prosody and *Wh*-questions," *Proceedings of the North East Linguistic Society* 32, 73–92.

Diesing, Molly (1992) *Indefinites*, MIT Press, Cambridge, MA.

Emonds, Joseph (1978) "The Verbal Complex V'-V in French," *Linguistic Inquiry* 9, 151–175.

Farmer, Ann K. (1980) *On the Interaction of Morphology and Syntax*, Doctoral dissertation, MIT.

Fiengo, Robert and Robert May (1994) *Indices and Identity*, MIT Press, Cambridge, MA.

Fox, Danny (1999) "Reconstruction, Binding Theory, and Interpretation of Chains," *Linguistic Inquiry* 30, 157–196.

Fox, Danny (2000) *Economy and Semantic Interpretation*, MIT Press, Cambridge, MA.

Fukui, Naoki (1986) *A Theory of Category Projection and Its Applications*, Doctoral dissertation, MIT.

Fukui, Naoki (1995) *Theory of Projection in Syntax*, CSLI Publications, Stanford and Kurosio Publishers, Tokyo.

Fukui, Naoki and Taisuke Nishigauchi (1992) "Head Movement and Case-Marking in Japanese," *Journal of Japanese Linguistics* 14, 1–36.

Grimshaw, Jane and Armin Mester (1988) "Light Verbs and Theta Mark-

ing," *Linguistic Inquiry* 19, 205–232.
Gunji, Takao and Kôiti Hasida (1998) "Measurement and Quantificatoin," *Topics in Constraint-Based Grammar of Japanese*, ed. by Takao Gunji and Kôiti Hasida, 39–79, Kluwer, Dordrecht.
Hagstrom, Paul (1998) *Decomposing Questions*, Doctoral dissertation, MIT.
Hale, Ken (1980) "Remarks on Japanese Phrase Structure: Comments on Papers on Japanese Syntax," *MIT Working Papers in Linguistics* 2, 185–203.
Harada, Kazuko (1971) "Constraints on *Wh*-Q Binding," *Descriptive and Applied Linguistics* 5, 180–206.
Harada, Shin-Ichi (1973) "Counter Equi NP Deletion," *Annual Bulletin of the Research Institute of Logopedics and Phoniatrics* 7, 113–147.
Heim, Irene (1982) *The Semantics of Definite and Indefinite Noun Phrases*, Doctoral dissertation, University of Massachusetts, Amherst.
Heycock, Caroline (1995) "Asymmetries in Reconstruction," *Linguistic Inquiry* 26, 547–570.
Hoji, Hajime (1985) *Logical Form Constraints and Configurational Structures in Japanese*, Doctoral dissertation, University of Washington.
Hoji, Hajime (1995) "Demonstrative Binding and Principle B," *NELS* 25, 255–271.
Hoji, Hajime (1997a) "Otagai," ms., University of Southern California.
Hoji, Hajime (1997b) "Sloppy Identity and Principle B," *Atomism and Binding*, ed. by Hans Bennis, Pierre Pica, and Johan Rooryck, 205–235, Foris, Dordrecht.
Hoji, Hajime (1997c) "Sloppy Identity and Formal Dependency," *WCCFL* 15, 209–223.
Hoji, Hajime (1998a) "Formal Dependency, Organization of Grammar, and Japanese Demonstratives," *Japanese / Korean Linguistics* 7, 649–677.
Hoji, Hajime (1998b) "Null Object and Sloppy Identity in Japanese," *Linguistic Inquiry* 29, 127–152.
Hoji, Hajime (2003) "Falsifiability and Repeatability in Generative Grammar: A Case Study of Anaphora and Scope Dependency in Japanese,"

Lingua 113, 377–446.

Hornstein, Norbert (1995) *Logical Form: From GB to Minimalism*, Blackwell, Oxford.

Hoshi, Hiroto (1991) "The Generalized Projection Principle and Its Implication for Passive Constructions," *Journal of Japanese Linguistics* 13, 53–89.

Hoshi, Hiroto (1994a) "Theta-Role Assignment, Passivization, and Excorporation," *Journal of East Asian Linguistics* 3, 147–178.

Hoshi, Hiroto (1994b) *Passive, Causative, and Light Verbs: A Study on Theta Role Assignment*, Doctoral dissertation, University of Connecticut.

Hoshi, Hiroto (1999) "Passives," *The Handbook of Japanese Linguistics*, ed. by Natsuko Tsujimura, 191–235, Blackwell, Oxford.

Hoshi, Hiroto (2001) "Relations between Thematic Structure and Syntax: A Study on the Nature of Predicates in Japanese," *SOAS Working Papers in Linguistics and Phonetics*, 203–247, SOAS, University of London.

Howard, Irvin and Agnes M. Niyekawa-Howard (1976) "Passivization," *Syntax and Semantics 5: Japanese Generative Grammar*, ed. by Masayoshi Shibatani, 201–237, Academic Press, New York.

Huang, C.-T. James (1982) *Logical Relations in Chinese and the Theory of Grammar*, Doctoral dissertation, MIT.

Huang, C.-T. James (1993) "Reconstruction and the Structure of VP: Some Theoretical Consequences," *Linguistic Inquiry* 24, 103–138.

井上和子(1976)『変形文法と日本語』(上・下)大修館書店,東京.

Ishihara, Shinichiro (2000) "Scrambling and Its Interaction with Stress and Focus," *MIT Working Papers in Linguistics* 38: *Proceedings of the Twelfth Student Conference in Linguistics*, 95–110.

Ishii, Yasuo (1999) "A Note on Floating Quantifiers in Japanese," *Linguistics: In Search of the Human Mind — A Festschrift for Kazuko Inoue*, ed. by Masatake Muraki and Enoch Iwamoto, 236–267, Kaitakusha, Tokyo.

Ishii, Yasuo (2001) "Presuppositional Effects of Scrambling Reconsidered," *Linguistics and Interdisciplinary Research: The Proceedings of*

the COE International Symposium, 79–101, Kanda University of International Studies, Chiba.
Jackendoff, Ray (1972) *Semantic Interpretation in Generative Grammar*, MIT Press, Cambridge, MA.
Jaeggli, Osvaldo A. (1986) "Passive," *Linguistic Inquiry* 17, 587–622.
Kawashima, Ruriko (1998) "The Structure of Extended Nominal Phrases: The Scrambling of Numerals, Approximate Numerals, and Quantifiers in Japanese," *Journal of East Asian Linguistics* 7, 1–26.
Kishimoto, Hideki (2001) "Binding of Indeterminate Pronouns and Clause Structure in Japanese," *Linguistic Inquiry* 32, 597–633.
Kitagawa, Yoshihisa (1986) *Subjects in Japanese and English*, Doctoral dissertation, University of Massachusetts, Amherst.
Kitagawa, Yoshihisa and S.-Y. Kuroda (1992) "Passive in Japanese," ms., University of Rochester and University of California, San Diego.
Koizumi, Masatoshi (1995) *Phrase Structure in Minimalist Syntax*, Doctoral dissertation, MIT.
Kuno, Susumu (1973) *The Structure of the Japanese Language*, MIT Press, Cambridge, MA.
久野暲 (1973)『日本文法研究』大修館書店, 東京.
Kuroda, Shige-Yuki (1965) *Generative Grammatical Studies in the Japanese Language*, Doctoral dissertation, MIT.
Kuroda, Shige-Yuki (1979) "On Japanese Passives," *Explorations in Linguistics: Papers in Honor of Kazuko Inoue*, ed. by George Bedell, Eichi Kobayashi, and Masatake Muraki, 305–347, Kenkyusha, Tokyo.
黒田成幸 (1980)「文構造の比較」國廣哲彌編『日英語比較講座 第2巻: 文法』, 23–61, 大修館書店, 東京.
Kuroda, Shige-Yuki (1988) "Whether We Agree or Not: A Comparative Syntax of English and Japanese," *Linguisticæ Investigationes* 12, 1–47.
Kuwabara, Kazuki (2001) "The Focus of the Question and (Null) Copular Constructions," *Grand-in-Aid for COE Research Report (5): Researching and Verifying an Advanced Theory of Human Language*, ed. by Kazuko Inoue, 83–96, Kanda University of International Studies, Chiba.
Lahiri, Utpal (1991) *Embedded Interrogatives and Predicates that Em-*

bed Them, Doctoral dissertation, MIT.
Larson, Richard (1988) "On the Double Object Construction," *Linguistic Inquiry* 19, 335–391.
Lasnik, Howard (1995) "Verbal Morphology: *Syntactic Structures* Meets the Minimalist Program," *Evolution and Revolution in Linguistic Theory: Essays in Honor of Carlos Otero*, ed. by Héctor Camos and Paula Kempchinsky, 251–275, Georgetown University Press, Washington, D.C. [Reprinted in *Minimalist Analysis*, 1999, 97–119, Blackwell, Oxford]
Lasnik, Howard and Mamoru Saito (1993) *Move α*, MIT Press, Cambridge, MA.
Lebeaux, David (1991) "Relative Clauses, Licensing, and the Nature of the Derivation," *Perspectives on Phrase Structure: Heads and Licensing*, ed. by Susan Rothstein, 209–239, Academic Press, San Diego.
May, Robert (1977) *The Grammar of Quantification*, Doctoral dissertation, MIT.
McCawley, Noriko Akatsuka (1972) "On the Treatment of Japanese Passives," *CLS* 8, 259–270.
三原健一 (2000)「連結数量詞と事象計算機能」国立国語研究所編『日本語とスペイン語 (3)』, 95–122, くろしお出版, 東京.
Milsark, Gary (1974) *Existential Sentences in English*, Doctoral dissertation, MIT.
Miyagawa, Shigeru (1989) *Syntax and Semantics 22: Structure and Case Marking in Japanese*, Academic Press, San Diego.
Nishigauchi, Taisuke (1990) *Quantification in the Theory of Grammar*, Kluwer, Dordrecht.
Nishigauchi, Taisuke (1992) "Syntax of Reciprocals in Japanese," *Journal of East Asian Linguistics* 1, 157–196.
西垣内泰介 (1999)『論理構造と文法理論』くろしお出版, 東京.
Nishigauchi, Taisuke and Asako Uchibori (1992) "Japanese Bare NPs and Syntax-Semantics Correspondences in Quantification," ms.
Ogawa, Kunihiko (1976) *Japanese Interrogatives: A Synchronic and Diachronic Analysis*, Doctoral dissertation, University of California, San Diego.

Otani, Kazuyo and John Whitman (1991) "V-Raising and VP-Ellipsis," *Linguistic Inquiry* 22, 345–358.
Pesetsky, David (1987) "*Wh*-in-situ: Movement and Unselective Binding," *The Representation of (In)definiteness*, ed. by Eric Reuland and Alice ter Meulen, 98–129, MIT Press, Cambridge, MA.
Pollock, Jean-Yves (1989) "Verb Movement, Universal Grammar, and the Structure of IP," *Linguistic Inquiry* 20, 365–424.
Reinhart, Tanya (1976) *The Syntactic Domain of Anaphora*, Doctoral dissertation, MIT.
Reinhart, Tanya (1983) *Anaphora and Semantic Interpretation*, Croom Helm, London.
Richards, Norvin (2001) *Movement in Language: Interactions and Architectures*, Oxford University Press, New York.
Riemsdijk, Henk and Edwin Williams (1981) "NP-Structure," *The Linguistic Review* 1, 171–217.
Rizzi, Luizi (1996) "Residual Verb Second and the *Wh*-Criterion," *Parameters and Functional Heads: Essays in Comparative Syntax*, ed. by Luizi Rizzi, 63–90, Oxford University Press, New York.
Saito, Mamoru (1982) "Case Marking in Japanese: A Preliminary Study," ms., MIT.
Saito, Mamoru (1985) *Some Asymmetries in Japanese and Their Theoretical Implications*, Doctoral dissertation, MIT.
Saito, Mamoru (1992) "Long Distance Scrambling in Japanese," *Journal of East Asian Linguistics* 1, 69–118.
Saito, Mamoru and Hiroto Hoshi (1999) "Control in Complex Predicates," *Report of the Special Research Project for the Typological Investigation of Languages and Cultures of the East and West*, 15–45, University of Tsukuba.
Saito, Mamoru and Hiroto Hoshi (2000) "The Japanese Light Verb Construction and the Minimalist Program," *Step by Step: Essays on Minimalist Syntax in Honor of Howard Lasnik*, ed. by Roger Martin, David Michaels, and Juan Uriagereka, 261–295, MIT Press, Cambridge, MA.
酒井弘 (2000)「古典的類型論と比較統語論: 日本語動詞形態の分析を通

して」『京都大学言語学研究』第 19 号,117–146.

Sells, Peter (1995) "Korean and Japanese Morphology from a Lexicalist Perspective," *Linguistic Inquiry* 26, 277–325.

Shibatani, Masayoshi and Chiseko Cotton (1976–77) "Remarks on Double-Nominative Sentences," *Papers in Japanese Linguistics* 5, 261–277.

柴谷方良 (1978)『日本語の分析』大修館書店,東京.

Sportiche, Dominique (1988) "A Theory of Floating Quantifiers and Its Corollaries for Constituent Structure," *Linguistic Inquiry* 19, 425–449.

Sugahara, Mariko (1996) "Shuri Okinawan *Kakari-Musubi* and Movement," *Formal Approaches to Japanese Linguistics* 2, 235–254.

Tada, Hiroaki (1992) "Nominative Objects in Japanese," *Journal of Japanese Linguistics* 6, 90–110.

Takahashi, Daiko (1993) "Movement of *Wh*-Phrases in Japanese," *Natural Language and Linguistic Theory* 11, 655–678.

高見健一 (1998)「日本語の数量詞遊離について: 機能論的分析」『言語』27 巻: 1 号,86–95; 2 号,86–95; 3 号,98–107.

Takano, Yuji (2002) "Surprising Constituents," *Journal of East Asian Linguistics* 11, 243–301.

Takezawa, Koichi (1987) *A Configurational Approach to Case-Marking in Japanese*, Doctoral dissertation, University of Washington.

Takezawa, Koichi (1993) "A Comparative Study of *Omoe* and *Seem*," *Argument Structure: Its Syntax and Acquisition*, ed. by Heizo Nakajima and Yukio Otsu, 75–102, Kaitakusha, Tokyo.

竹沢幸一 (1998)「格の役割と構造」中右実編『格と語順と統語構造』(日英語比較選書 9),1–102,研究社,東京.

Tateishi, Koichi (1991) *The Syntax of 'Subjects'*, Doctoral dissertation, University of Massachusetts, Amherst.

Travis, Lisa (1984) *Parameters and Effects of Word Order Variation*, Doctoral dissertation, MIT.

上山あゆみ (1990)「「か」のない yes-no 疑問文の構造と I-to-C 移動の普遍性について」, *The Kansai Linguistic Society* 10, 23–32.

Ueyama, Ayumi (1998) *Two Types of Dependency*, Doctoral dissertation, University of Southern California.

Ura, Hiroyuki (1996) *Multiple Feature-Checking: A Theory of Grammati-*

cal Function Splitting, Doctoral dissertation, MIT.
Ura, Hiroyuki (2000) *Checking Theory and Grammatical Functions in Universal Grammar*, Oxford University Press, New York.
Washio, Ryuichi (1989–90) "The Japanese Passive," *The Linguistic Review* 6, 227–263.
Washio, Ryuichi (1995) *Interpreting Voice: A Case Study in Lexical Semantics*, Kaitakusha, Tokyo.
Watanabe, Akira (1992) "Subjacency and S-structure Movement of *Wh*-in-situ," *Journal of East Asian Linguistics* 1, 255–291.
Williams, Edwin (1977) "Discourse and Logical Form," *Linguistic Inquiry* 8, 101–139.
Yoshida, Keiko and Tomoyuki Yoshida (1996) "Question Marker Drop in Japanese," *ICU Language Research Bulletin* 11, 37–54.
Yoshida, Tomoyuki (1992) *Quantifiers and the Theory of Movement*, Doctoral dissertation, Cornell University.

索　　引

あ　行

一時述語 (stage-level predicates)　38–40, 44
「いったい」　122, 123
一致 (agreement)　8, 54, 57, 66, 67
イディオム　101
移動 (move)　16, 109, 130
移動規則　3, 7–9, 15, 20, 28, 31, 32
意味役割　3, 28, 47
意味論的に空虚な移動 (semantically vacuous movement)　138–40
インターフェイス　112
演算子 (operator)　111–13, 126
沖縄の首里方言　121
「おたがい」　35
「思える」文　59, 61, 63, 64, 105
音声形式 (Phonetic Form: PF)　110, 150

か　行

「か」　115–20, 136, 137, 140, 169–76, 183–85
　〜の移動　117
「が」　38, 42–44, 47, 48
　〜の用法　43, 49
外項 (external argument)　52
　〜のθ役割の吸収　52, 53, 71
　〜のθ役割の抑制　52, 91, 93, 95, 97, 99, 100, 107, 185–88, 19–92
階層構造　11, 13, 14
階層性　2
階層的　3
概念・意図システム (conceptual-intentional system)　112

開放文 (open sentence)　112
係り結び　116, 120–23
係り要素　121, 122
　〜VPへの付加　22, 23, 25
「かきまぜ」(scrambling)　3, 4, 7–9, 14–16, 18–20, 22, 27, 28, 32, 35, 36, 45, 49, 59, 62, 64, 67, 75, 85, 102, 109, 123–25, 128, 138–42, 145, 147, 148
　短距離の〜　32, 33, 49
　長距離の〜　21, 32, 33, 36, 49
　〜の特性　20
格　3
格吸収　52, 53, 71, 96, 107, 185–87, 190, 192
格フィルター (Case Filter)　51, 52, 59
格理論　40
下接の条件 (Subjacency)　119
「かと」　172
「かどうか」　126, 141, 143, 144, 171, 172
可読 (legible)　112
可能形態素　67
関係節　28, 123, 129, 130
間接疑問文　171, 172, 174, 179, 183, 184
間接受動文　69, 70, 84, 85, 86, 90, 91, 95, 97, 105, 107, 186–88, 190
完全機能複合 (complete functional complex: CFC)　192
聞き返し (echo question)　110
基数的 (cardinal)　41
基数的解釈　42–48
機能範疇　47, 68, 107, 193

基本構造　9, 11, 13
基本語順　7, 8, 9
基本的構造　12
義務的　135
疑問要素「か」　117
強限定詞　41–43, 46–48
局所化　109
局所性　117, 121
「空の演算子」(Empty Operator)　29
空の代名詞　74, 85, 92, 155, 156, 159, 161
空範疇　41
句構造　6, 7, 12
屈折辞　7
屈折辞 (I)　57
繰り上げ (Raising)　3, 53, 58
繰り上げ動詞　29
繰り上げ文　58
経験者 (Experiencer)　82, 84, 102, 185
計算システム (computational system)　112
形態融合 (morphological merger)　150, 162–65, 169, 192, 193
軽動詞構文 (light verb construction)　195
言語能力　1, 2
言語の類型　113
顕在的移動 (overt movement)　105, 151, 185, 194–96
限定詞の強・弱の区別 (strong vs. weak determiners)　41
限定節 (restrictive clause)　38–40, 111, 112
厳密な同一性 (strict identity)　151–54, 160
原理とパラメータのアプローチ (the principles and parameters approach)　28
項 (argument)　7, 38
行為者 (Agent)　47, 48

構造　16
後置詞　14
膠着語 (agglutinative language)　150, 196
項転移 (Argument Transfer)　195
国語学　2
語順　2, 3, 5–8, 13, 14, 16, 23, 24, 4
　自由な〜　28
「こ・そ・あ・ど」　26
個体述語 (individual-level predicates)　38–40, 43, 44
　コントロール構造としての〜　41
古典日本語　116, 120
コピー　15, 16, 34, 139, 140, 143, 144, 148
個別言語　1
痕跡　3, 15, 16, 19, 20, 34, 113, 115, 137, 138, 139, 143
痕跡 t　44

さ 行
再帰代名詞 (himself など)　30
再構成 (reconstruct)　31, 35–37, 128, 131–36, 138–40, 143, 145–48
最小遵守の原則 (Principle of Minimal Compliance)　126–27
使役　4
使役文　93, 94, 192
指示　9
指示性 (referentiality)　132, 133, 135
指示的 (referential)　131, 134, 135
時制　8
時制辞　4, 54–58, 67, 68, 105, 149, 161–63, 165, 168, 176–78, 185, 190
時制文　30
「自分」　35, 60, 61, 87, 88, 96, 105
「自分自身」　35–37, 139
弱限定詞　41, 48
集合　16–19, 42, 47, 132, 133, 135, 136
終助詞　121

索　引　209

終助詞「か」　114
主格　54–58, 67, 68, 177
主語移動の制約　21, 23
主語から主語への繰り上げ（subject-subject-raising）　59
主語繰り上げ構文　28
主語指向性　60, 87, 88
主語指向の副詞（subject-oriented adverb）　82
主語・助動詞倒置（Subject-Auxiliary Inversion: SAI）　164, 169, 170, 185
主語尊敬語化　104
主題　22, 43
主題化構文　28, 29
「述語内主語仮説」　40, 132
述語論理学　111
受動　4
受動形態素　52, 53, 107, 186, 187
受動構文　28
受動動詞　29
受動文　3, 51, 52, 68, 72, 86, 91, 94, 107
主要部　130
主要部移動（head movement）　4, 96, 116, 120, 150, 155, 161, 162, 165, 169, 192, 195, 196
主要部移動制約（Head Movement Constraint）　161, 164, 165, 178, 185–87
主要部・指定部の一致（Spec-Head Agreement）　115
照応形　2, 4, 9, 31, 32, 34–36, 142, 143
小辞　163–65
状態述語文　65, 66, 105
焦点　45, 121
助動詞　4
「す（る）」　163, 164
随伴分析（Pied-Piping 分析）　119, 122, 123, 127, 148
数量詞繰り上げ（Quantifier Raising: QR）　111
数量詞遊離（Quantifier Floating: QF）　9, 11, 49, 71, 136
スコープ　2, 3, 16, 20, 24, 25, 42, 45–48, 61–64, 67, 84, 102, 104, 111, 114, 115, 117–19, 124, 141, 142, 165–68
　狭い〜　42
　広い〜　17–19, 42, 123–27
　〜の多義性　25
スコープ原則　63, 64, 102
接辞化（affix hopping）　150, 163
前提　135, 136
前提的（presuppositional）　41, 42
前提的の解釈　43, 44, 47
前提的存在　42
総記（exhaustive listing）　43
相互照応形　35
相互代名詞　30
相互 c 統御　72, 74, 99
相互 c 統御条件　72, 75, 76, 78, 79, 81, 90
総称　40, 42, 43
総称的（generic）　38
総称的の解釈　39
総数（sum）　77, 79–80
束縛　32, 33, 35–37, 112, 138–40, 142, 143, 147, 148
　〜の定義　10
束縛関係　21, 24, 26, 27, 33, 49, 144, 145
束縛条件　10, 26, 29, 33, 35, 36, 128, 131–36, 145, 147, 148
　〜の定義　9
束縛変更（bound variable）　152, 153
束縛領域（binding domain）　97, 191–93
束縛理論　9, 30–33, 35, 37, 48, 130, 141, 146, 147
　〜LFで適用　37
　〜の条件 B　97, 158, 191–93

「そこ」 26
存在前提 41, 42, 133–35
存在閉鎖 (existential closure) 39, 40–42, 48
存在量化 (existential quantifier) 38–41

た 行
「だ」 174–79
対格 68
代名詞 2–5, 9, 10, 22, 25–27
多義性 40, 42, 45, 47
多重主格構文 57
多重主語構文 57
単一事象 77, 79, 90
談話連関 (discourse-linked) 122, 133
中核スコープ (nuclear scope) 38–40, 111
中間位置 33, 34, 36, 49, 143
中間構文 28
中間痕跡 143
中間動詞 29
中国語の WH 疑問文 113
中立叙述 (neutral description) 43
直接疑問文 111, 172, 174
直接受動文 69, 70, 71, 73, 74, 84, 85, 86, 87–88, 90, 91, 92, 95, 98, 105, 107, 187, 189
追加 WH の効果 (additional-WH effect) 125, 126
定名詞句 25, 26
出来事 (Event) 82
適正束縛 138
　〜の条件 (Proper Binding Condition) 137
「です」 174–79
同一指示 (coreference) 5, 9, 10, 49, 151–52, 157, 158
同一指標 10, 20, 25, 26
統一分析 (uniform analysis) 70, 74

統語的動詞移動 168
動作主 (Agent) 81, 101, 106
動詞移動 194
動詞句削除 (VP Ellipsis) 150–51, 153–56, 159, 161
投射仮説 (Mapping Hypothesis) 40, 48, 49
投射原理 (Projection Principle) 188
動的一致 (dynamic agreement) 180, 182–84
とりたて詞 163

な 行
内項 (internal argument) 52
「に」
　〜句 86–92, 95, 96, 99, 105
　〜使役文 93
　〜受動文 69, 70, 81–83, 85, 93, 97, 101–2, 107, 185, 192
　〜直接受動文 71, 86, 185, 186, 189
二重目的語 23
二重目的語構文 23, 27, 187
　〜の基本構造 27
　〜の構造 24
二重「を」制約 (Double-o Constraint) 93, 94
日本語の照応形 35
「によって」
　〜句 89, 103, 106, 108
　〜受動文 69, 81–83, 86, 89, 101, 102, 104, 105, 107, 108, 190, 191
「の」 173

は 行
「は」 22, 37, 42, 43
裸の複数名詞句 39, 40
裸の不定名詞句 45
裸の名詞句 42
非移動の WH 要素 114
非階層的言語 (non-configurational languages) 7

東アジア言語の WH 構文　113
非顕在的移動　185, 195, 196
非指示性　136
非対格動詞（unaccusative verb）　47, 48, 73, 79, 98, 99
非対格文　74, 79, 108
「ひと」　46
非統一分析（non-uniform analysis）　70–71, 74
非能格動詞（unergative verb）　47, 48, 74, 80
非 θ 位置　53, 59, 82, 86, 93, 95, 97, 102, 103, 107
付加（adjoin）　8, 20, 22, 29, 36, 112, 129, 138, 144
付加詞　87, 89, 91–93, 101, 128–33
複合動詞　196
複合名詞句　109, 120, 122, 123, 125, 147
　〜の制約（Complex NP Constraint: CNPC）　119
副詞の挿入　44
複数事象　77, 78, 90
複数名詞句　37, 39
不定詞補文　22
不定名詞句　37, 39, 43, 46
フランス語　162, 180, 181
プロソディ　141
分裂文　94, 193, 194
変項（variable）　38, 111–13
変項束縛（variable binding）　155–59
編出（excorporation）　190
編入（incorporation）　190, 195
ホスト　12
ホスト NP　13, 14
補部　128–30, 132
補文（Complementizer Phrase: CP）　115
補文化辞（Complementizer: C）　29
補文要素「か」　147

ま 行
ミニマリスト・プログラム　112
ミニマリズム　130
結び要素　121, 122
名詞句移動（NP movement）　3, 53, 68, 81, 108
元位置（in situ）の WH 要素　113

や 行
融合（merge）　130
遊離　13
遊離数量詞　71, 73–77, 79, 80, 89, 90, 99, 108
ゆるやかな同一性（sloppy identity）　151–59
ゆるやかふうの読み（sloppy-like reading）　158
与格交替　187
与格構文　187

ら・わ 行
ラムダ演算子（lambda operator: λ）　152
量化子（quantifier）　38, 111
量化詞（quantifier）　24, 111
量化表現（quantified expression）　2, 3, 5, 16–20, 39, 45, 47, 48, 61, 111, 112, 116, 136, 160
量化変異（quantificational variability）　172
量化名詞句　25–27
隣接性　13, 162, 165
隣接性条件（Adjacency Condition）　162
例外的格付与（Exceptional Case Marking）　56, 65, 68
連結詞（copula）　174–76, 178
論理形式（Logical Form: LF）　34, 109, 110, 111, 112, 115, 150
　〜三部構造　39
論理表示　111

「を」使役文　93

A～Z
A 位置　29
A 移動（A-movement）　28–32, 49, 53, 66, 71, 75
A′ 移動　28–33, 49
bare plurals　37
c 統御（c-command）　10–16, 19, 20, 25–27, 30, 31, 37, 47, 61–64, 112, 131, 133, 134, 136–38, 145, 147, 160
　〜の定義　9
CNPC　119, 121, 122, 127
D 構造　34, 40, 110, 113
do 挿入（*do*-support）　163
have-be 繰り上げ（*have-be* raising）　149–50
I-to-C 移動　169–71, 174, 178–81, 183, 185, 193, 195
Infl（Inflection）　7, 40
know タイプ　172, 173
LF　36, 37, 40, 45, 46, 112–17, 126–28, 136–41, 143, 145–48, 150, 168, 185, 195, 196
LF 移動　113
NP 痕跡　74, 80, 94
NP 数量詞　79, 80, 108
1 Advancement Exclusiveness Law（1AEX）　97, 98
PF　150, 162, 163, 169, 196
pro　57, 75, 80, 85, 96, 155
PRO　94, 95, 106, 108, 185
QF　11–16, 136
QR　112
R 表現　9
S 構造　26, 37, 40, 110, 113

V-to-I 移動　150, 161, 169, 193
V-to-V 移動　185, 195
VP 数量詞　79, 80, 108
VP 内主語仮説（VP-Internal Subject Hypothesis）　54, 55
VP 内での受動化（VP-internal passivization）　189
WH 移動　16, 29, 33–35, 110, 111, 113, 115, 116, 118, 126–29, 137, 180, 181
WH 演算子（WH-operator）　181, 184
WH 基準（WH-criterion）　180–84
WH 疑問文　3–4, 28, 34, 114, 115, 117, 124, 125, 136, 141–44, 146, 147, 170, 171, 175, 178–80, 183, 184
WH 構文　3, 4, 109, 114–16, 119, 121, 126, 127, 136
WH の島　119, 124–27, 141, 147
　〜の制約　118, 119
WH 要素　4, 29, 31, 34, 35, 109–27, 136–43, 146–48
WH-in-situ　109, 112
wonder タイプ　172, 173
Yes / No 疑問文　117, 118, 124, 125, 141, 142, 146, 147, 169–76, 179, 183–85

「α を動かせ」（move α）　28
θ 位置　52, 53, 81, 82, 93, 94, 97, 107
θ 基準（θ-criterion）　52, 59, 81, 84, 107
θ 構造　40
θ 役割（θ-role）　28, 29, 40, 41, 52, 84, 93, 95, 185, 186, 188, 190–93, 195

〈著者紹介〉

原口庄輔(はらぐち　しょうすけ)　1943-2012年．筑波大学名誉教授．
中島平三(なかじま　へいぞう)　1946年生まれ．東京都立大学名誉教授．
中村　捷(なかむら　まさる)　1945年生まれ．東北大学名誉教授．
河上誓作(かわかみ　せいさく)　1940年生まれ．大阪大学名誉教授．
西垣内泰介(にしがうち　たいすけ)　1954年兵庫県生まれ．マサチューセッツ大学言語学科博士課程修了．Ph.D.(言語学)．現在，神戸松蔭女子学院大学大学院英語学専攻，言語科学専攻教授．著書: *Quantification in the Theory of Grammar* (Kluwer Academic Publishers, 1990)，『論理構造と文法理論』(くろしお出版, 1999)．論文: "Syntax of Reciprocals in Japanese" (*Journal of East Asian Linguistics*, 1992)，"'Multiple Sluicing' in Japanese and the Functional Nature of *wh*-Phrases" (*Journal of East Asian Linguistics*, 1998)，"Quantification and *wh*-Constructions" (*The Handbook of Japanese Linguistics*, Blackwell, 1999) など．

石居康男(いしい　やすお)　1958年神奈川県生まれ．コネチカット大学大学院博士課程修了．Ph.D.(言語学)．現在，神田外語大学教授．論文: "Scrambling of Weak NPs in Japanese" (*Japanese/Korean Linguistics* 8, CSLI Publications, 1998)，"Decomposing Japanese Comparatives" (*Proceedings of Nanzan GLOW*, Nanzan University, 1999)，"A Note on Floating Quantifiers in Japanese" (Masatake Muraki and Enoch Iwamoto, eds., *Linguistics: In Search of the Human Mind — A Festschrift for Kazuko Inoue*, Kaitakusha, 1999) など．

英語学モノグラフシリーズ　13
英語から日本語を見る

2003年6月30日　初版発行　　2024年9月30日　3刷発行

編　者　原口庄輔・中島平三
　　　　中村　捷・河上誓作
著　者　西垣内泰介・石居康男
発行者　吉　田　尚　志
印刷所　有限会社紫藤印刷

KENKYUSHA
〈検印省略〉

発行所　株式会社　研究社
https://www.kenkyusha.co.jp/

〒102-8152
東京都千代田区富士見2-11-3
電話　(編集) 03(3288)7711(代)
　　　(営業) 03(3288)7777(代)
振替　00150-9-26710

ISBN 978-4-327-25713-2　C3380　　Printed in Japan